増補版! 小学生の 姿勢がよくなる 体幹トレーニング

attention

「ウチの子、
猫背なのよね…」

「まだ子どもなのに
腰痛もちなの…」

「なんかドンくさい…
歩くのも遅くて」

そんな小学生、要注意です！

最近は、子どもたちを取り巻く環境の変化により、子どもたちの体そのものにも影響を及ぼしています。
そのままの状態で成長を続けたとしたら、
大人になったときの弊害は計り知れません。
でも、安心してください。すべての子どもが、姿勢が悪かったり、大人が悩むような腰痛・肩こりを抱えていたり、
運動を苦手に感じたりしているわけではありません。
さらには、そうした問題は必ず子どものうちに改善することが可能です。
背すじがスッと伸びるだけで、その人の印象は劇的に変わります。
いま一度、自分自身の、
あるいは我が子の姿勢や動作を見つめ直してみてはいかがでしょうか？

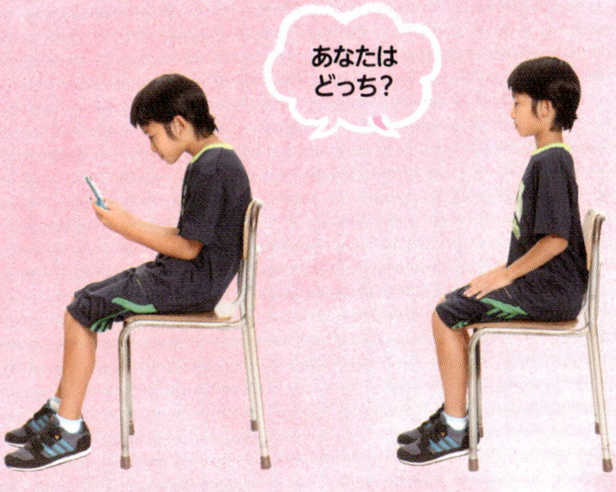

姿勢がよくなる！小学生の体幹トレーニング

CONTENTS

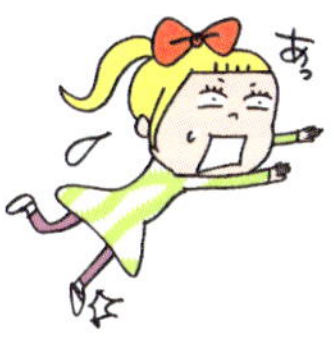
あっ

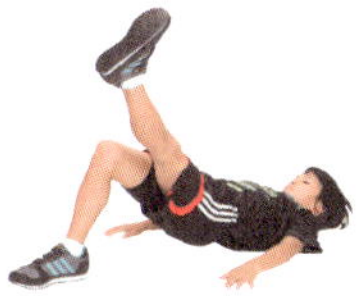

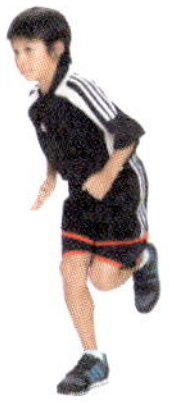

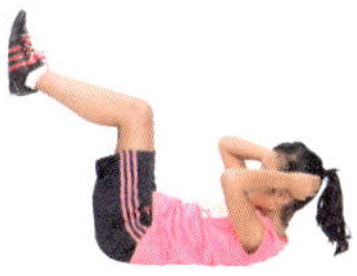

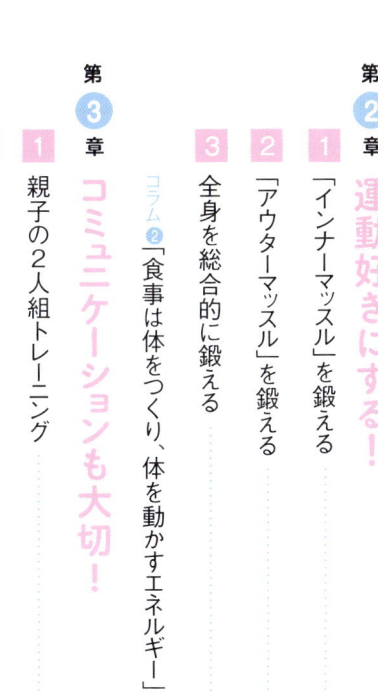

はじめに

Prologue

最近、子どもの体力や筋力が著しく落ちていることに、皆さんはお気づきですか?

文部科学省の調査によると、子どもの運動能力のレベルは、1985年あたりがピークだとされています。それ以降は年々低下し、近年はやや向上傾向にあるものの、ピークのころの水準には到底及ばず、全体的には横ばいであるといわれています。

このような状況になってしまったのは、テレビゲームなどをはじめとしたインドアの遊びが増えたこと、屋外で遊べる場所が少なくなったこと、学習塾や習い事などが忙しくて遊ぶ時間が減ったこと、体を動かす機会が減ってしまったことなどが理由だと考えられます。

また、現代の小学生のなかには、授業中に先生の話を聞きながら頬づえをついたり、脚を組んだりする子どもも多いと聞きます。これらの現象が示すのは、正しい姿勢を保つことができないということ。つまり、ただ座っているだけにもかかわらず、頬《ほお》づえをついたり脚を組んだりしないと、自分の体を支えることができないほど、筋力が衰えてしまっているということなのです。

「もっと運動しなさい」
「姿勢を正しなさい」

そう注意する大人はたくさんいます。しかしながら、ただ注意するだけでは、子どもたちはそれをどうやって直したらいいのかわかりません。

最近では驚くことに、「体操スクールなどに通っている子どもよりも、校庭や公園で自由に遊び回っている子どものほうが、体力が高い」という事実がわかりました。つまり、体のよりよい発達のためには、管理された環境で教えられて運動するよりも、自然に体を使ったほうがいいということです。

これらのことを踏まえると、「立つ」「歩く」「走る」「跳ぶ」などの基本的な動きが、いかに大切かがわかると思います。

正しい姿勢がとれない、正しく歩いたり走ったりできないという状態では、スポーツをやっても安定性を欠いた動作しか行えず、フォームも定まらないので、ケガをする危険が増えてしまいます。

そして、そのような基本的な動きができていないと、将来的に姿勢の悪い大人に成長してしまいます。

そんな事態を避けるためにも、小学生

マンガ／小迎裕美子

を対象にした基礎的運動、つまり正しい姿勢や体力を取り戻すためのエクササイズを広めていきたいと思い、体幹トレーニングという切り口から「筋力・柔軟性・バランスの向上エクササイズ」を紹介する本書を執筆することにしました。

この本では、親子のコミュニケーションを図ることのできる「親子エクササイズ」もいくつか紹介しています。子どもと一緒に体を動かす楽しみを味わいながら、親子の絆づくりにも役立てていただければ幸いです。

また、この本で紹介するトレーニングは、子どもだけでなく、大人が行っても十分効果のあるものばかりです。「最近、体力がなくなってきたなぁ…」と感じているお父さん、家事や子育てに追われて肩こりや腰痛に悩んでいるお母さん、ぜひお子さんと一緒にトレーニングに励んでみてください。

この本をきっかけに、子どもたちが活発さを取り戻し、楽しくスポーツを行えるようになれたら、そして、ご家族の皆さんが毎日を元気で過ごせるようになれたなら、著者として、トレーナーとして、とてもうれしく思います。

「運動ピラミッド」を知っておきましょう

1

体育ではやらない基本の“き”

一口に「運動」といっても、走ったり跳んだりする基本的な動きから、ボールを投げる、キャッチするなどの技術を伴う動きまで、その種類はさまざまです。

運動には、大きく分けると3つの段階があります。10ページのピラミッドを見てください。一番下の段に来るのが「基礎的運動」です。これには、姿勢制御運動（立つ、寝る、回る、転がるなど）や移動運動（歩く、走る、跳ぶなど）が含まれます。その次の段階に来るのは「コーディネーション運動」です。これは、操作運動（投げる、キャッチするなど）のように、脳と体の連携を伴う動きのことです。そして、ピラミッドの頂点に来るのは、本格的な「スポーツ競技」です。ピラミッドの上に行くにつれて技術を必要とし、難易度も高くなります。

学校体育はこのピラミッドでいう、コーディネーション運動からスポーツ競技までに当てはまります。“はじめに”で記したように、このレベルの運動能力が1985年をピークに下がってきているわけですが、それはどうしてでしょうか？

85年に小・中学生だった子どもたち（ちょうど、現代の子どもたちのお父さん、お母さん世代に当たるかと思います）には、自由に遊べる公園がまだたくさんあり、当時は家の中や庭を駆け回ることも許される時代でした。そのため、基礎的運動は誰に教わらなくとも、自然と身につけることができました。

しかし、最近はそのような環境が少なくなってしまいました。ここ20年ほどの間に、ゲーム機器が次々と増え、外で遊べる場所はどんどん減っています。室内で遊ぶ機会が多くなれば、歩く、走るなどの基本となる動作の能力は低下する一方です。

基本となる動作を身につけることなく育ってしまった子どもに、いきなりコーディネーション運動やスポーツ競技をやらせたら、どうなるでしょうか？　当然、速く走ることも上手にボールを投げることもできないでしょう。現代は、まさにそのような子どもが急増している状況なのです。

本書では、その忘れられた「基礎的運動」にフォーカスしたトレーニングを主に紹介します。基礎的運動を洗い直すことで、運動が苦手な子どもでも効率的に体を動かせるようになり、身体能力が飛躍的に向上します。また、すでに運動を得意としている子どもでも、基本的な動きをおさらいすることによって、よりアグレッシブに、ダイナミックにスポーツを行えるようになるでしょう。

基本的運動パターン

姿勢制御運動	移動運動	操作運動
・たつ	・あるく	・うつ
・ねる	・はしる	・ける
・まわる	・とぶ	・なげる
・ころがる	・はう	・うける
・のる	・すべる	・まわす
・ぶらさがる	・のぼる	・ふる
・体をふる	・はいる	・ひく
・バランスをとる など	・スキップする など	・おす など

体を動かせない子どもが急増中!

人間の体は、きちんと使っていれば正しく作用しますが、使っていないとだんだん動かなくなります。これは、関節を動かすことに関係している筋肉などの組織が短縮し、関節そのものが固まって、物理的に動かせなくなる現象です。大人になって活動量が減ると“四十肩”になることがありますが、最近ではそれに似た症状を訴える子どもが増えているのです。

このような状態で体を動かすことは、ハンドルががっちりと固定されてしまった車を運転するようなもので、大変危険です。このような場合は、まず入念にストレッチを行い、ハンドルを徐々に動かせるようにしてから運動を始めてください。p.94-101のストレッチを参考にしながら、特に固い部分はお風呂上がりにストレッチすると効果的です。

人間は、脳と脊髄にある中枢神経が、体という車に乗っている生き物だと考えてみてください。基礎的運動は、その車のメンテナンスを行い、きちんと整備しておくこと。コーディネーション運動は、ドライビングテクニックを学ぶこと。スポーツ競技は、そのテクニックを踏まえてスピードを争うことだとイメージすると、わかりやすいかもしれませんね。

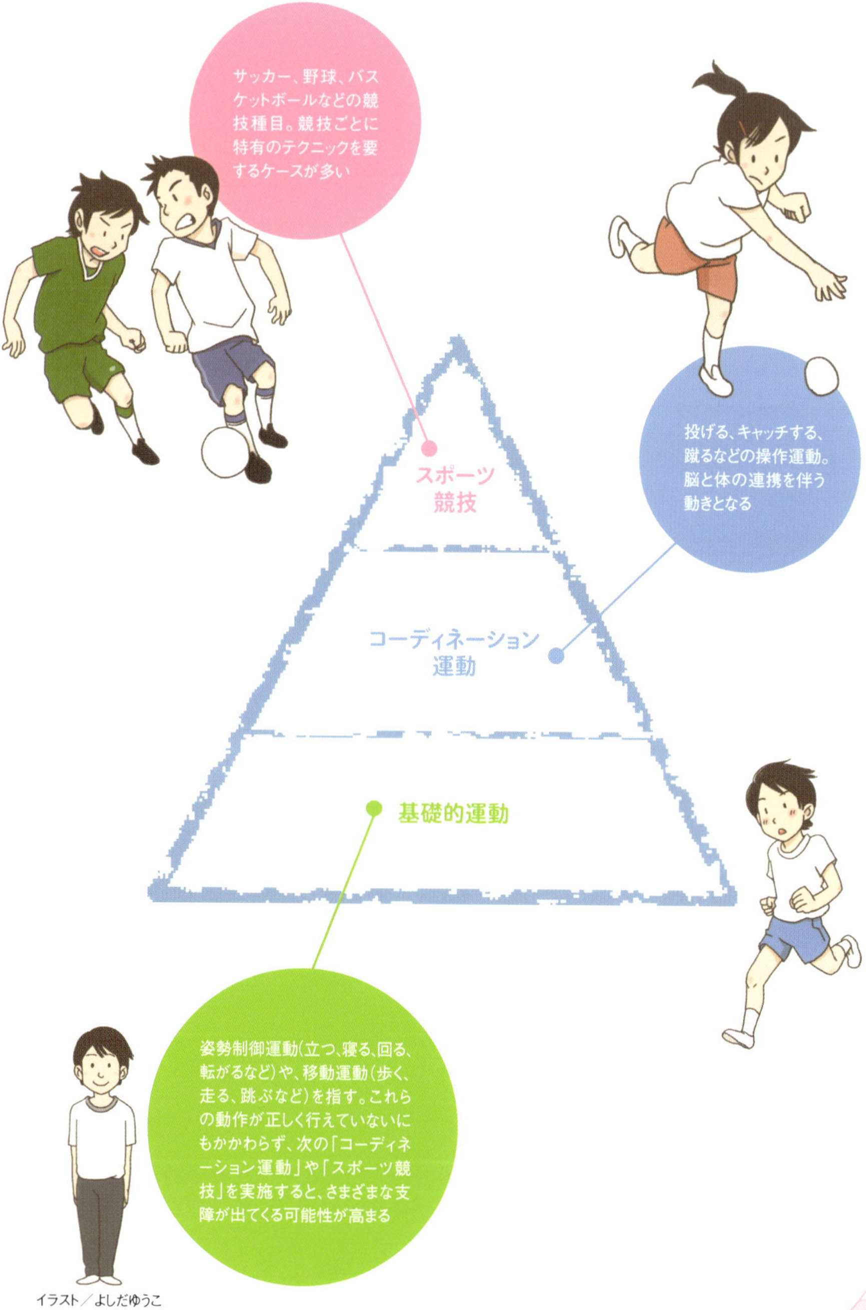
サッカー、野球、バスケットボールなどの競技種目。競技ごとに特有のテクニックを要するケースが多い
スポーツ競技
投げる、キャッチする、蹴るなどの操作運動。脳と体の連携を伴う動きとなる
コーディネーション運動
基礎的運動
姿勢制御運動（立つ、寝る、回る、転がるなど）や、移動運動（歩く、走る、跳ぶなど）を指す。これらの動作が正しく行えていないにもかかわらず、次の「コーディネーション運動」や「スポーツ競技」を実施すると、さまざまな支障が出てくる可能性が高まる

イラスト／よしだゆうこ

基礎的運動のポイントを押さえましょう

2

「体幹」って、どこを指すの？

本書では、主に「体幹」を使うエクササイズを紹介します。体幹が体のどこを指しているのか、そのとらえ方は指導者やトレーナーによってさまざまですが、ここでは手と足以外の胴体部分とします。つまり、肩や股関節（太ももの付け根）も含むことになります。

体幹のまん中を上から下にまっすぐ通っている背骨は、首の骨である頸椎《けいつい》7個、胸部にある胸椎《きょうつい》12個、腰の部分にある腰椎《ようつい》5個、そして仙骨と尾骨で形成されています。体を動かすときは腰椎部分をしっかり固定して、胸椎より上や股関節などはアクティブに動かせることが理想です。

次ページの写真を見てください。卓球の選手は、いくらスピーディーにラケットを振っても、頭からおしりまでが柱のようにまっすぐで、全くブレていません。これこそまさに、腰椎部分がしっかり固定でき、それ以外の場所がアクティブに動かせている状態

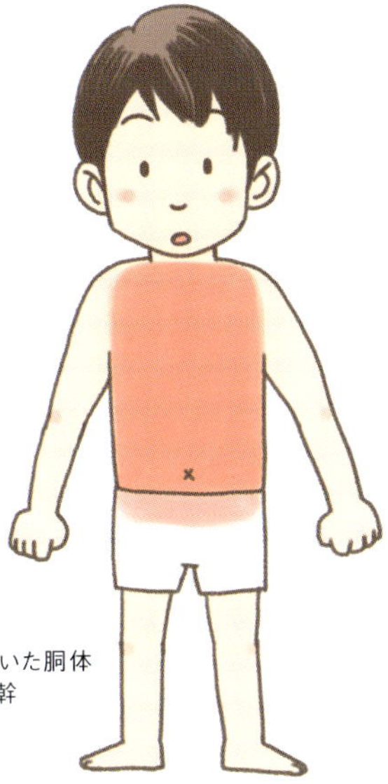

手足を除いた胴体部分が体幹

いかなる競技でも体幹が重要！

BBM

サッカー選手

相手との接触プレー時に、まっすぐな1本の柱ができていなければ、ボールをキープすることや奪うことは不可能。また、安定した体幹が、相手を華麗にかわすフェイントを生む

BBM

卓球選手

スピーディーにラケットを振っても、頭からおしりまでが1本の柱のようにまっすぐのままで、全くブレない。このラインがねじれたり曲がったりすると、思い通りの返球はできない

BBM

野球選手

ボールを投げるときにも、打つときにも、体幹をひねる動作が加わる。このひねり動作によって生み出したパワーをボールに伝えるためには、やはり体幹の強さが必要！

JMPA

陸上競技選手

腕を前後に大きく振り、足を大きく踏み出して走るが、そうした手足の動きに引っ張られないだけの体幹の安定性が必要。体幹が手足の動きに振り回されるようではムダな動きが増え、記録にもブレーキがかかる

です。
　また、陸上競技選手も同様です。人が走るときは、腕を前後に大きく振り、足を前に大きく踏み出して後ろに蹴る（押す）のですが、このような手足の動きに引っ張られないだけの力が体幹には必要です。もし体幹の力がなければ、胸椎と腰椎がきちんと固定できず（走るときは胸椎も固定します）、体がムダに回転して、余計な動きが増えてしまいます。そのような状態では、当然速いタイムは期待できません。
　体幹がブレると、体のいろいろなところを振り回してしまうことになり、ムダな動きが増えます。それでは余分な体力も使ってしまいますし、よいパフォーマンスも生まれません。それだけ体幹は運動に大切な部位なのです。

おなかとおしりの筋肉に注目！

　なぜ体幹が大事なのか、もう少し詳しく説明しておきましょう。
　おなかの筋肉、つまり「腹筋」には3つの筋肉があります。一番外側にあるのは「腹直筋」です。鍛えている人のおなかが6つに割れているように見えるのは、この腹直筋が板チョコのような形状をしているからです。その横に「腹斜筋群」（内腹斜筋・外腹斜筋）が斜めに走っています。そして、その2つの筋肉の奥にある「腹横筋」がおなかのまわりをぐるりと1周しています。
　この腹横筋は、おなかを支えるコルセットのような役割を果たしています。コルセットをしめるようにおなかをき

正しい姿勢保持は立派な筋肉運動

　人間はどんなにバランスが悪くても立つことのできる生き物です。左右どちらかの足に体重をかけた、いわゆる「休め」の状態でも、あごが前に突き出ていたとしても、必ず立つことはできます。なぜなら、背中にたくさんの筋肉や靱帯があり、どんな姿勢でも背中を丸めれば、筋肉や靱帯が突っ張って固定してくれるからです。皆さんも実際にやってみてください。背中を丸めていくと、これ以上丸まらないという限界点がありますよね。
　どんな姿勢でも立ててしまうからこそ、運動不足で筋力が弱ると、悪い立ち姿勢になりがちです。正しい姿勢でしっかりと立つことは、それだけでも大変な筋肉運動になります。それを繰り返すと、徐々に正しい姿勢がインプットされ、苦労なく正しい姿勢が保てるようになるのです。

ゅっと引っ込めるときに、腹横筋が働きます。実は、この腹横筋はすべての動作の「始動筋」なのです。

ボールを投げるときでも、荷物を持ち上げるときでも、ペンを手にとるときでも、人の体の中で最初に力が入るのは腹横筋です。子どもたちがジャングルジムに登ったり、ケンケンをしたりするときも、必ず最初に腹横筋に力が入ります。つまり、腹横筋はすべての動作につながる筋肉だということ。腹横筋がしっかり働いていれば、あらゆる動作がスムーズにできるというわけです。

腹横筋は、上は横隔膜、後ろは背中にある多裂筋、下は骨盤底筋群とつながっています。おなかの中に、筋肉のボールができているとイメージしてください。腹横筋にグッと力を入れてボールの中の圧力を上げると、背骨が安定

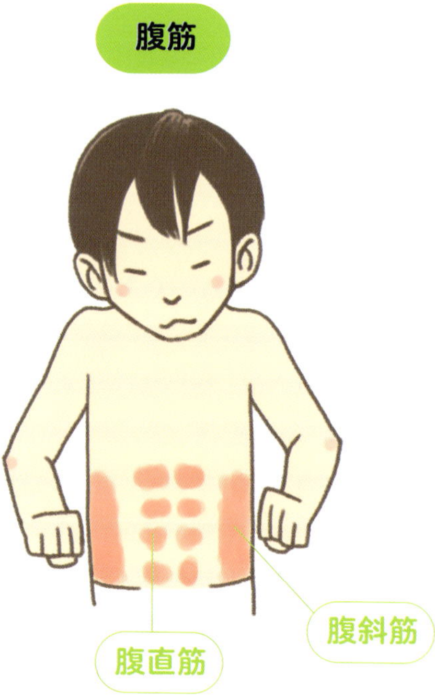

し、体の真ん中に1本の太い柱が立ったように姿勢がよくなります。このように強く頑《がん》丈《じょう》な柱がつくれると、体が効率よく動かせますし、腰痛や肩こりも起こりにくくなります。腰痛になって病院に行くと、ベルトを処方されることがありますが、ボールの圧力を上げることによって、筋肉のベルトを自分でつくってしまうことができるのです。

そして、もう1つ大事なのは、おしりの筋肉「大殿筋《だいでんきん》」です。腹横筋が重要なことは説明しましたが、その次に大事なのがこの大殿筋です。大殿筋は、腹横筋に入った力と足の裏から伝わる地面の力を受け止めて、手や足に伝達する役割を果たしています。大殿筋がうまく機能しないと、いくら腹横筋に力が入っても、それを効率よく使うことはできません。ちなみにこの大殿筋は、ジャンプ寸前の姿勢である「パワーポジション」（29ページ参照）をつくることで鍛えることができます。

ポイントは「肋骨をしめる」!

ここまでで体幹がいかに大事か、腹横筋と大殿筋がどう機能しているか、おわかりいただけたかと思います。

これからエクササイズを紹介していきますが、腹横筋と大殿筋を鍛えて体幹を固められるようになるためには、1つ、大きなポイントがあります。

それは、「肋骨をしめる」ということです。

肋骨とは、いわゆるあばら骨のことで、胸からわき腹にかけて内臓を包み込んでいる骨のことです。それをしめることによって、おなかの筋肉のボールに圧力がかかりやすくなり、体幹が安定しやすくなります。このことを専門的には「腹圧を高める」と表現します。

肋骨をしめるといっても、なかなかイメージがわかないかもしれません。ヒントは呼吸法です。両胸の下あたりを手で押さえて鼻からゆっくり息を吸うと、肋骨と肋骨の間が少し広がるのを感じませんか？　では、次に口からフーッと息をゆっくり吐き出してみてください。肋骨と肋骨の間が、今度はキュッと狭まっていくのがわかるはずです。この肋骨と肋骨の間が狭まったときが、「肋骨がしまった」状態です。

次ページのイラストを参考

にしながら、この呼吸法を練習してみてください。注意点として、呼吸するときは頭の位置を変えないようにしましょう。頭の位置を意識しないと、背中が丸くなってしまうからです。

吸って吐いてを繰り返していくと、誰でもだんだん肋骨がしまる感覚が身についてきます。私が講師を務めるセミナーでは、小学校低学年の子どもでも問題なくできます。

肋骨が開いたままだと、背中が反ってしまい腰痛を引き起こすことがあります。また、おなかの筋肉のボールが緩んだままになるので、力が入らず、姿勢も安定しません。肋骨をしめることで、背中の反りや丸まりが軽減され、姿勢も正しい位置に戻るのです。

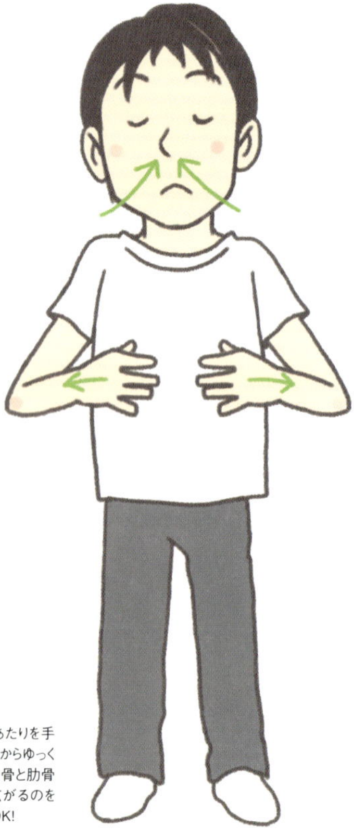

①両胸の下あたりを手で押さえて、鼻からゆっくり息を吸う。肋骨と肋骨の間が少し広がるのを感じられればOK!

②フーッと息をゆっくり吐く。今度は肋骨間がキュッと狭まっていくのがわかるはず。これが「肋骨がしまった」状態

エクササイズを行うにあたって

ゴールデンエイジのうちに正す！

　正しくない姿勢のままでいると、大人になったときに早い段階で腰痛、肩こり、ヒザ痛といった症状が起きやすくなってしまいます。老化の症状が20代や30代、ひどい場合は10代でも出てしまうことになります。

　また、基礎的運動ができない子どもは、体がかたい可能性があります。床に座って前屈したときに手がつま先に届

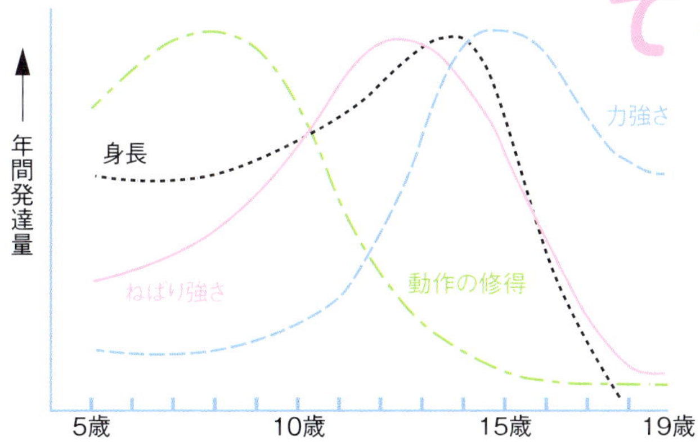

11歳以下
いろいろな動きに挑戦し、スマートな身のこなしを獲得する
（脳・神経系）

12〜14歳
軽い負荷で接続的な運動を実践し、スマートな動作を長続きさせる能力を身につける
（呼吸・循環系）

15〜18歳
負荷を増大させ、スマートな動作を長続きさせるとともに、力強さを身につける
（筋・骨格系）

19歳以上
スポーツに関わる身体動作を十分に発達させた上に、試合のかけひきを身につけ、最高の能力を発揮できるようにする

図　年齢に応じたスポーツに必要な能力の発達と目的
（宮下充正:子どものスポーツ医学,南江堂,1987）

かないようであれば、それは異常事態だと考えてください。最近は若い人にも〝ロコモティブシンドローム〟（運動器症候群…神経・筋肉・骨格などの衰えによって、最終的に寝たきりや要介護になってしまうこと）の兆候が増えています。体がかたいまま放置してしまうと、運動に関わる筋肉や関節がどんどん固まっていき、成人を飛び越えて子どもから一気に老人化することもあり得るのです。

また、現代では、子どもの糖尿病も増えています。糖尿病には、Ⅰ型とⅡ型の2種類があります。遺伝からくる小児糖尿病はⅠ型に含まれますが、これはごくわずかで、全体の95パーセントを占めるのはⅡ型です。Ⅱ型は肥満からくるもので、もともとは中高年の生活習慣病でしたが、若い世代でも患者が増えており、子どもも例外ではありません。

肥満の原因は過食と運動不足です。現代の子どもが運動不足になる理由は、ゲームなどインドアでやる遊びが増え、外で遊ぶ機会が減ったことですが、これによって子どもは自分の姿勢が制御できなくなり、それにより正しく立つことや歩くこともだんだん億劫《おっくう》になります。その結果、体を動かしたがらなくなるのです。

また、姿勢の悪い子は、ゲームや勉強など体の前面で行う作業によって、背中はどんどん丸くなります。すると、呼吸がしにくくなり、体の中に十分な酸素が供給されなくなってしまいます。少ない酸

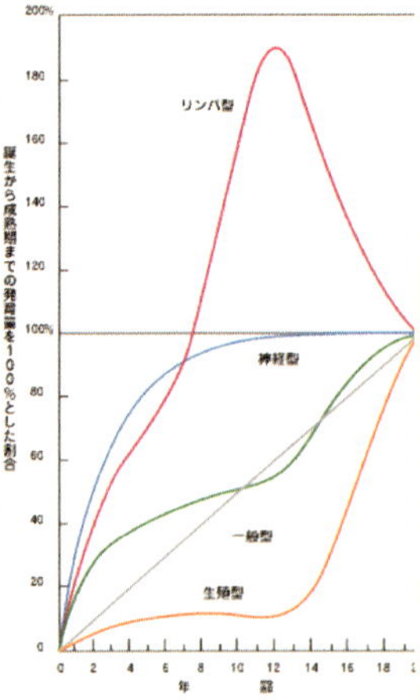

■スキャンモンの成長曲線

小学生は正しい動作を習得するのに最適!

小学生の低学年は「プレ・ゴールデンエイジ」、高学年は「ゴールデンエイジ」と呼ばれています。この時期に神経系の発達がほぼ完成しつつあるため、正しい動作を身につけるのに最適なタイミングです。あらゆる物事を短時間で覚えることのできる、一生に1度だけの貴重な時期といっていいでしょう。この時期にさまざまなスポーツや動作を経験することによって、ゴールデンエイジの恩恵を十分に受けることができます。

素量で活動していると、疲れやすくなったり、集中力がなくなったりします。ずっといい姿勢で座っていることすら、しんどくなってしまいます。

小学生の時期には、新たな情報を受け入れるだけの神経領域が十分あります（18ページ図）。変なクセがついてしまう前にきちんとした体幹づくりをやっておけば、よりよい状態で成長していくことができます。もし、すでに悪いクセがついていても修正しやすい時期でもあります。ゴールデンエイジ、またはプレ・ゴールデンエイジのうちに体づくりに取り組むことを、強くお勧めします。

体幹が強くなって、正しい姿勢がとれるようになると、こんなこともできるよ!

柔軟性のなさを放置すると、子どもでも体が老人化を起こしかねない。日頃のケアが大事

昔遊びを見直そう

　現代のお父さん、お母さんが子どもの頃は、近所の友達と一緒に「ゴムとび」や「ケンケンパ」で遊ぶことも多かったと思います。最近ではテレビゲームやカードゲームなど、体を使わない遊びが普及し、このような「昔遊び」を楽しむ機会は減ってしまいました。しかし、体を使う昔遊びには、体力を向上させる素晴らしい要素が詰まっています。

　足だけでゴムを引っかけたり、離したり、ねじったりする「ゴムとび」。そして、片足でケンケン、両足でパ、とリズミカルに動く「ケンケンパ」は、バネのように跳ねる力やバランス力をつけてくれます。これらの能力がつくと、動作を素早く切り返すことができるようになります。地べたをはうような走り方の子どもはそれを改善できますし、サッカーや野球の守備などでは上手に切り返せるようになるため、スポーツ能力の向上にもつながります。

「缶けり」も、体を素早くかつ適切に動かす能力や「蹴る」というコーディネーション動作の能力、そして判断力を磨いてくれますし、「だるまさんがころんだ」は、反応する能力や姿勢制御、ストップ動作の向上に役立ちます。これらは、人ごみを上手に避けて進む能力（缶けり）、車が飛び出してきたときに止まれる能力（だるまさんがころんだ）にもつながります。転んだときにしっかり手をついてケガを回避する能力も身につくでしょう。

　さらに、「めんこ」はボールなどを投げるときの肩の使い方を楽しみながら習得できるアイテムです。最近ではこの効果が見直され、『スポーツメンコ』という商品も出ているようです。このように、昔遊びを取り入れることによって、人間が動物として生きるために重要な能力を、たくさん磨くことができるのです。
　昔遊びで自然に体を使うことで、本来人間に備わっている「正しい姿勢」もできるようになります。というのも、実はこれらの遊びはどれも体幹を使うものだからです。「ゴムとび」では体幹が安定していないと目標地点でゴムを踏めません。「ケンケンパ」も体幹を使わないとバランスを崩します。「だるまさんがころんだ」では、おなかに力が入らないとピタッと止まれません。正しい姿勢づくりや体幹トレーニングの一環として、このような昔遊びも取り入れてみるといいでしょう。

めんこ

親が一番の指導者に

　子どもの姿勢を正しく導いてあげるには、普段から親が観察してあげることが一番大切です。時間が限られた学校の体育やスポーツのクラブチームでは、指導者が子ども1人1人の姿勢までを細かくチェックすることはできません。子どもの立つ姿勢、座る姿勢、歩き方、走り方を、毎日の生活の中でよく見てあげてください。それは、親子のコミュニケーションにもつながりますし、子どもの見た目の印象をよくして、充実した人生を送らせてあげるきっかけにもなります。
　小学校低学年の子どもであれば、難しいことは気にせず、ワクワク感と達成感を味わわせてあげながら、楽しんでやらせてあげてください。高学年の場合は、運動のメカニズムをなるべく本人にも理

ケンケンパ

解させて、1つ1つの動きを確認しながらやってみるといいでしょう。中学生以上は筋力や持久力の強化にスポットを当てて、軽いダンベルを持って負荷をかけてみたり、回数や秒数を増やしてみたりと、できる範囲で応用を加えてみてもいいかもしれません。

体は一生つきあっていくパートナーのようなものです。常によいコンディションにしておかなければ、充実した人生を送ることはできないといっていいでしょう。姿勢がよければ、ハツラツとして見えます。歩き方が正しければ、颯爽《さっそう》としてかっこよく見えます。姿勢や歩き方を正しくするだけで、子どもが周りに与える印象が一段とよくなるのです。それだけでも、子どもの人生が変わると思いませんか？

震災や事故など、いつ何が起こるかわからない現代、最後に頼りになるのは自分の体といってもいいでしょう。「危ない！」と思ったときにピタッと止まれる、サッとよけられる、走って逃げられる。体がきちんとできていれば、俊敏な動きで救われることもあるのです。

親が子どもの動きを見てあげることで、より正しい動作が身につくだけでなく、親子のコミュニケーションにもなる

トレーニングをすると身長が止まる？

子どもが激しい筋トレをすると、身長が止まるという話を聞いたことはありませんか？　これは、同じ動作を繰り返して、未成熟な骨の骨端にある成長線が閉じてしまうことから、そのような説が生まれたと考えられます。ジャンプしすぎたり、ボールを投げすぎたりすると、このような骨の異常が実際に起こり、左右のバランスが崩れてしまうことはあります。それを避けるために、成長期には3つくらいのスポーツをやらせて、1つの部位にばかり負担がかからないようにすることをお勧めします。

本書で紹介するエクササイズは、同じ部位を酷使するようなトレーニングでも、筋肉の量を増やすトレーニングでもありません。「正しい運動パターンを教えるためのトレーニング」です。ですから、身長を止める可能性は全くないと考えてください。

このような基礎的なエクササイズを行うことにより、骨を正しいポジションに戻すことができるので、ゆがみも改善されて、身長はむしろ伸びる可能性のほうが高いといっていいでしょう。適度な運動は、身長を伸ばすのによいともいわれているのです。

本書の使用方法

本書では13テーマ87種のトレーニングと、13種類のストレッチを紹介しています。各トレーニングは、わずかな時間でも行えるものになっています。1日1テーマと決めてトレーニングしてもよいですし、時間がない日には、1テーマのなかにさらに3つの小テーマを設けていますから、小テーマの3種類を行うのもよいと思います。

決して無理はしないこと。また、正しい動作で行えていないにもかかわらず、やみくもに実施するのも避けてください。大切なのは「回数をこなすこと」ではなく「正しい姿勢で行うこと」です！　ですから、設定した回数も絶対に守る必要はありません。正しい姿勢でできる回数から始めるようにしましょう。

回数

回数は、小学生でも行えるレベルに設定していますが、あくまでも目安として考えてください。回数にこだわって無理をすると、正しい姿勢が崩れてしまい、トレーニングの効果が薄れてしまう可能性もあります

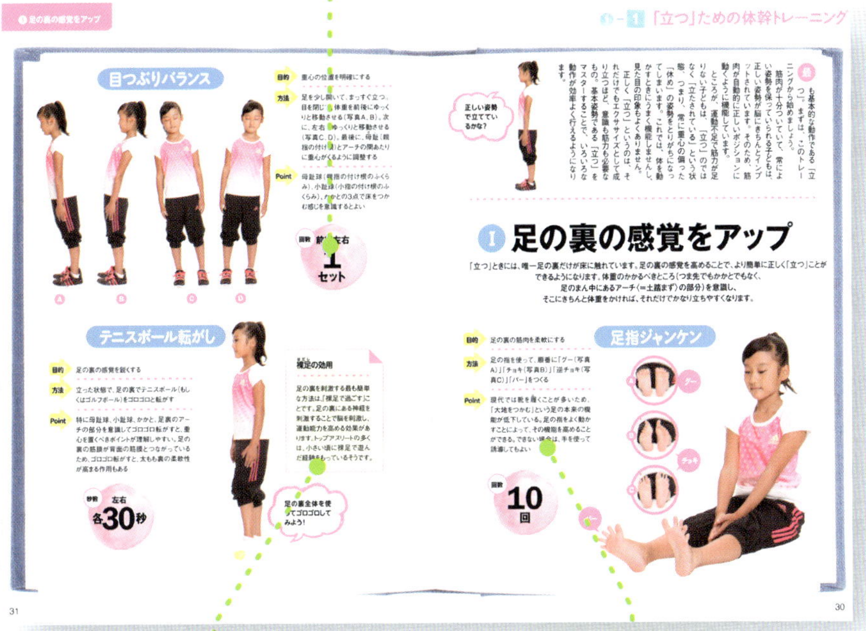

メモ

ところどころに配したメモには、各テーマにそったヒントやポイントを記しています。なかには、テーマに直接関係ない内容のものもありますが、時間のあるときに目を通しておくと、より効果的なトレーニングとなるかもしれません

トレーニング解説

各トレーニングの目的（狙い）・やり方・実施上のポイントを簡潔に記しています。トレーニングを実施する前に目を通してください。子どもが理解することも大切ですが、親がトレーニングについてしっかり把握した上で、子どものトレーニングをチェックしてあげるとよいと思います

どんな姿勢がダメなの？

正しい姿勢づくりをおこなうにあたり、まずは、どんな姿勢が正しくて、
どんな姿勢がよくないのかを把握しましょう。
「あっ、この写真、ウチの子そっくり!!」。悪い姿勢として挙げられた写真をみて、
そう感じたお母さん、お父さんはぜひ、該当する写真の下の「改善エクササイズ」をご覧ください。
（正しい姿勢のポイントについては28〜29ページ参照）

座った状態

悪い姿勢2

猫背タイプ

不良点＝背筋が伸びずに腰から背中が丸まっている、首が前に出ている
原因＝背中が弱い、胸部が固い、首の前面が弱い、首の後部が固い
改善エクササイズ→「骨盤転がし」（39ページ）、「背骨を横に倒す」（40ページ）、「背骨を回す」（41ページ）

悪い姿勢1

背もたれ寄りかかりタイプ

不良点＝骨盤が後傾して椅子の背にもたれている
原因＝足の付け根（腸腰筋）が弱い、もも裏が固い
改善エクササイズ→「座っておじぎ」（37ページ）、「座ってウォーキング」（38ページ）、「もも裏伸ばし（椅子で）」（39ページ）

正しい姿勢

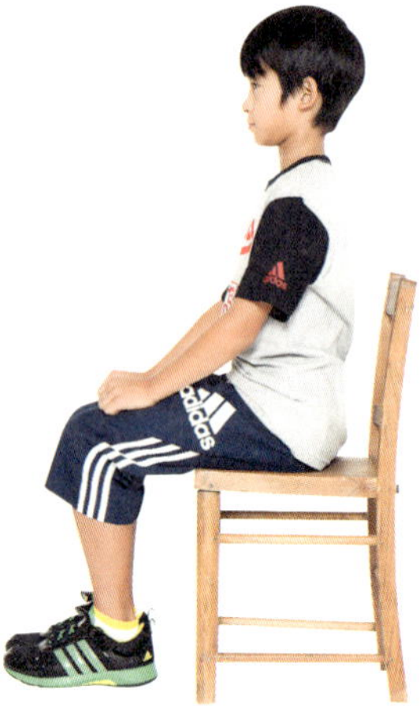

どんな姿勢が正しくて、

立った状態

悪い姿勢2

猫背タイプ
（かかと重心）

不良点＝骨盤が後傾していて腰が丸まっている。あごが前に出ていて、猫背。
原因＝脚の付け根（腸腰筋）が弱い、もも裏が固い。背中（全体）が弱い、腹部が固い
改善エクササイズ→「バランスT」（45ページ）、「水魚のポーズ」（65ページ）、「もも裏伸ばし（座って）」（99ページ）

悪い姿勢1

反り腰タイプ
（つま先重心）

不良点＝骨盤が前傾しておなかが前に出ている。肩が前に入っていて、猫背。
原因＝腹筋が弱い、脚の付け根（腸腰筋）が固い。背中（上背部）が弱い、胸部が固い
改善エクササイズ→「うつぶせ体幹」（56ページ）、「足上げ直角腹筋」（62ページ）、「ヒザかかえバランス」（42ページ）

正しい姿勢

“姿勢”OK？NG？チェックシート

トレーニングに入る前に、まずは今の状態をチェックすることから始めましょう。
12個の質問は、すべて姿勢に関係するものです。Yes（はい）かNo（いいえ）で質問に答えてみてください。

週に3日は
カップラーメンを食べる

□YES □NO

よくつまづいたり、
転んだりする

□YES □NO

“Yes”の数は
いくつでしたか？

10～12個
ピンチ！ 早急に姿勢を正す
トレーニングが必要です！

7～9個
“姿勢悪い”予備群です！
1つでも多く悪いクセを直しましょう。

4～6個
よいでしょう。
Yesの数が増えないように！

1～3個
すばらしい！引き続き悪いクセを
つけないように心がけましょう。

朝ごはんを
食べない
ことが多い

□YES □NO

歩くスピードが遅い

□YES □NO

テレビを見ているときや
授業中に
口が開いている

□YES □NO

1日に2時間以上
テレビゲームを
している

□YES □NO

1日の
平均睡眠時間が
9時間以下

□YES □NO

前屈の姿勢で
指先が
床につかない

□YES □NO

授業中に
じっとしていられない
（ソワソワ、
キョロキョロしている）

□YES □NO

すぐに“頬《ほお》づえ”をつく

□YES □NO

腰痛・肩こりを
もっている

□YES □NO

座っているときに
脚を組むことが多い
／立っているときに
“休め”の姿勢が多い
（重心が偏っている）

□YES □NO

イラスト／小迎裕美子

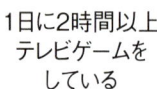

第1章

姿勢をよくする!

まずは、「立つ」「座る」「歩く」「走る」という
4つの基礎的運動における正しい姿勢を手に入れることから始めましょう。
スポーツ活動中だけでなく、日常生活でもよい姿勢は不可欠!
すでに悪い姿勢のクセがつき始めている人はクセを直し、
そうでない人は、よい姿勢をこれからも維持していくためにぜひ取り入れてみてください。

大人でも子どもでも、姿勢が悪いと元気がなさそうな印象を受けたり、動くのも鈍そうに見えたりしませんか？　スポーツを行うためはもちろん、日常生活においても正しい姿勢を獲得することは非常に大切なことです。スポーツの場合、正しい姿勢ができていない状態ではフォームが定まらないので、パフォーマンスの向上が望めないだけでなく、ケガをしてしまう危険性が増えます。日常生活においても、姿勢が悪いまま放っておくと、姿勢の悪い大人になるのは間違いありません。大人になるまで変えられなかったクセは直すのが難しく、悪い姿勢で一生を終えなければならない可能性が高いでしょう。

正しい姿勢や動作を身につけるトレーニングの紹介に入る前に、まずは正しい姿勢がどのようなものなのか、知っておきましょう。ここでは立位と座位、そして運動を行っていれば必ずどこかで出てくるスクワットの姿勢（股関節とヒザ、足首を軽く曲げた状態。パワーポジションといいます）について、それぞれ理想的な姿勢を解説していきます。

正しい姿勢がうまくとれない、あるいは最初は正しい姿勢がとれるけれど、時間が経つと崩れてしまうという子どもでも、大丈夫！　次のページから紹介するトレーニングを行うことで、改善できます。

姿勢づくりのポイント

立つ、かがむ（スクワット姿勢）、座るの各姿勢について、正しい姿勢のポイントを紹介していきます。普段から意識することで、周りから「姿勢がキレイだね」と言われるようになりましょう!

立位

さまざまな姿勢の基本ともいえる「立位」。立位の正しい姿勢のポイントは、①重心、②柱、③肋骨をしめる、の3つです。

① 重心

足の裏のどこに体重がかかっているかを感じましょう。正しいのは“まん中”です。つま先やかかとに体重がかかっていませんか?そうではなく、土踏まずの部分を意識しながら立ってみましょう。

できない人は⇒p.31の「目つぶりバランス」を行い、足の裏の感覚を高めましょう。

② 柱

頭から足までが1本の柱のように一直線になっていることが大切です。背中が丸まっていたり、おしりが突き出ていたりしてはいけません。

できない人は⇒p.56の「うつぶせ体幹」を行い、柱の感覚をつけましょう。

③ 肋骨をしめる

専門的には“腹圧を高める”といいますが、肋骨をしめると体幹に力が入った状態になります。体幹に力が入っていない、フニャフニャの状態では、②の柱をつくることもできません。

できない人は⇒p.16を参考に、肋骨をしめる感覚を理解しましょう。

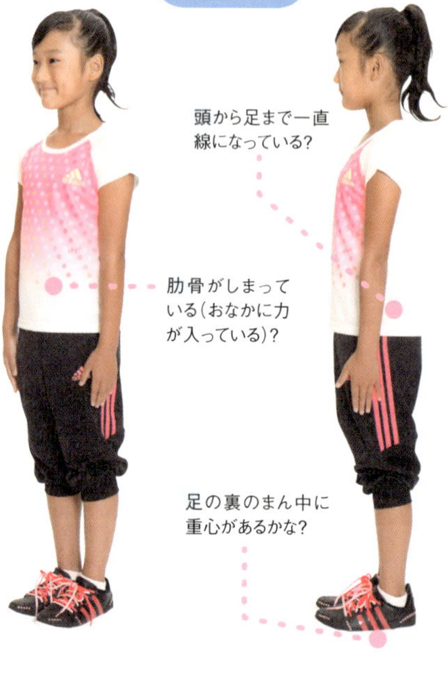
頭から足まで一直線になっている?
肋骨がしまっている（おなかに力が入っている）?
足の裏のまん中に重心があるかな?

パワーポジション

（スクワット姿勢）

スポーツをやるときに欠かせない姿勢が、このスクワット姿勢。次の動作を素早く、あるいは力強く行うための準備姿勢で、パワーポジションともいいます。正しい立位姿勢をとったら、股関節とヒザ、足首を軽く曲げて腰を落とします。

重心位置と肋骨をしめることは立位と同様ですが、パワーポジションの場合、柱は頭から腰までが一直線になっていることが大切です。

正しいパワーポジションがとれない理由の1つに、柔軟性不足が挙げられます。特に、股関節周辺の柔軟性が低い可能性があるので、ストレッチをしっかり行うとよいでしょう。

体がかたいと、とりづらい姿勢だよ。
ヒザが内側に入っていない?
足は腰幅か肩幅程度に開いて!
重心は足の裏のまん中にある?

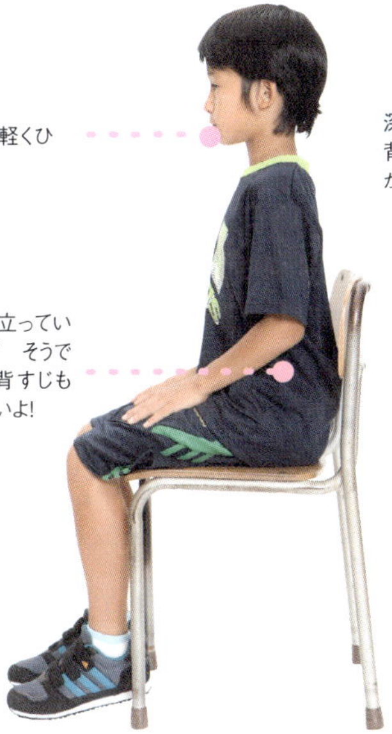
あごは軽くひこう!
深く腰かけて、背もたれによりかからない!
骨盤が立っているかな? そうでないと背すじも伸びないよ!

座位

学校生活で一番多い姿勢といえます。皆さんは授業中に頬《ほお》づえをついたり、脚を組んだりしていませんか？ こうしたクセは、正しい姿勢を保つことができないことによって生まれます。

頭から腰までが一本の柱になっていることと、肋骨をしめることは共通しますが、座位の一番のポイントは「骨盤」です。骨盤が寝てしまった（後傾した）状態では、背骨をまっすぐに立てることはできず、猫背になってしまいます。骨盤が立っていない場合、あるいは「骨盤が立つ」という状態をイマイチつかめていない人は、p.39「骨盤転がし」を行って、正しい骨盤の位置を覚えましょう。

最も基本的な動作である「立つ」。まずは、このトレーニングから始めましょう。

筋肉が十分ついていて、常によい姿勢を保っていられる子どもは、正しい姿勢が脳にきちんとインプットされています。そのため、筋肉が自動的に正しいポジションに動くように機能しています。

ところが、運動不足で筋力が足りない子どもは、「立つ」のではなく「立たされている」という状態、つまり、常に重心の偏った「休め」の姿勢をとりがちになってしまいます。これでは、体を動かすときにうまく機能しませんし、見た目の印象もよくありません。

正しく「立つ」というのは、それだけでもエクササイズとして成り立つほど、意識も筋力も必要なもの。基本姿勢である「立つ」をマスターすることで、いろいろな動作が効率よく行えるようになります。

I 足の裏の感覚をアップ

「立つ」ときには、唯一足の裏だけが床に触れています。足の裏の感覚を高めることで、より簡単に正しく「立つ」ことができるようになります。体重のかかるべきところ(つま先でもかかとでもなく、足のまん中にあるアーチ〈=土踏まず〉の部分)を意識し、そこにきちんと体重をかければ、それだけでかなり立ちやすくなります。

足指ジャンケン

目的 足の裏の筋肉を柔軟にする

方法 足の指を使って、順番に「グー(写真A)」「チョキ(写真B)」「逆チョキ(写真C)」「パー」をつくる

Point 現代では靴を履《は》くことが多いため、「大地をつかむ」という足の本来の機能が低下している。足の指をよく動かすことによって、その機能を高めることができる。できない場合は、手を使って誘導してもよい

回数 10回

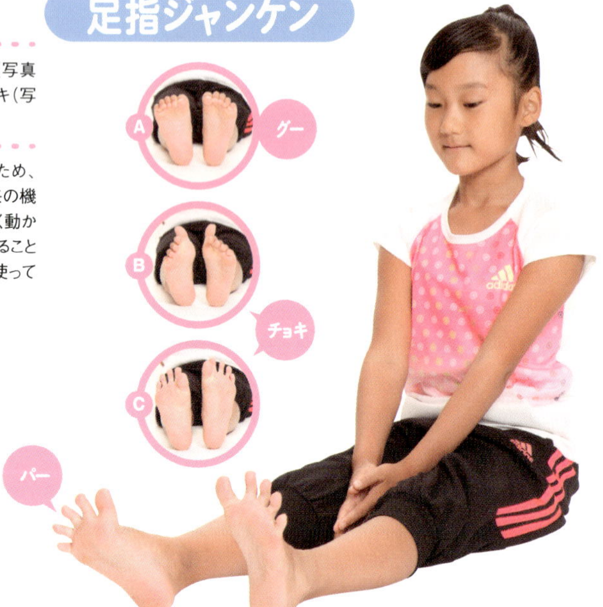

目つぶりバランス

目的 重心の位置を明確にする

方法 足を少し開いて、まっすぐ立つ。目を閉じて、体重を前後にゆっくりと移動させる（写真A、B）。次に、左右にゆっくりと移動させる（写真C、D）。最後に、母趾《ぼし》（親指の付け根）とアーチの間あたりに重心がくるように調整する

Point 母趾球（親指の付け根のふくらみ）、小趾球（小指の付け根のふくらみ）、かかとの3点で床をつかむ感じを意識するとよい

回数 前後左右 **1** セット

A　B　C　D

テニスボール転がし

目的 足の裏の感覚を鋭くする

方法 立った状態で、足の裏でテニスボール（もしくはゴルフボール）をゴロゴロと転がす

Point 特に母趾球、小趾球、かかと、足裏のアーチの部分を意識してゴロゴロ転がすと、重心を置くべきポイントが理解しやすい。足の裏の筋膜が背面の筋膜とつながっているため、ゴロゴロ転がすと、太もも裏の柔軟性が高まる作用もある

秒数 左右 各**30**秒

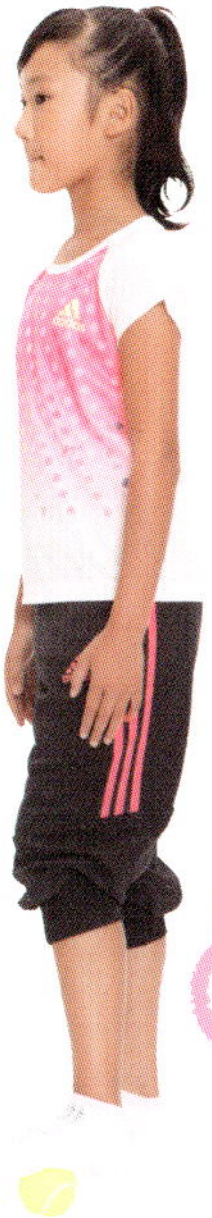

足の裏全体を使ってゴロゴロしてみよう！

裸足《はだし》の効用

足の裏を刺激する最も簡単な方法は、「裸足で過ごす」ことです。足の裏にある神経を刺激することで脳を刺激し、運動能力を高める効果があります。トップアスリートの多くは、小さい頃に裸足で遊んだ経験をもっているそうです。

Ⅱ 背骨を動かす

「立つ」ことにおいて大事なのは、背骨をまっすぐにキープすること。
正確には、横から見たときにS字状になる自然なカーブを保ちながら、
全体的にまっすぐに見えることです。背骨を曲げる・反らす・傾けるなどの動作を行いながら、
背すじがまっすぐになるポイントを脳にインプットしましょう。

おじぎと腰反らし

目的 背骨を正しい位置に戻す

方法 足を少し開いて正しい姿勢で立ち、おしりに力を入れて、骨盤を固定する。その状態でおじぎをする。できる場合は、手をつま先につける。いったん元の姿勢に戻り、今度は腰に手を添えて後ろに反る

Point 股関節は動かさずに、背骨だけを曲げること。体の重心がブレたり、足がグラグラしたりしないように。ヒザが曲がらないよう注意。反らすときは、腰だけを反らすのではなく、胸も使って大きく反らす

回数 前後3往復

ねじりん棒

目的 背骨の動きを柔軟にする

方法 足を少し開いて正しい姿勢で立ち、両手は後頭部に添える。この姿勢から、右にひねって5秒キープ。次に、左にひねって5秒キープ

Point 両手を後頭部に添えると腰が反りやすくなる。ただし、過剰な腰の反りは腰痛の原因になるので、それを防ぐためにしっかり肋骨をしめ、おしりに力を入れて体幹を固定する

回数 左右3回

メトロノーム

目的 背骨の動きをさらに柔軟にする

方法 足を少し開いて正しい姿勢で立ち、両手は後頭部に添える。この姿勢から、上半身を右に倒して5秒キープ。次に、左に倒して5秒キープ

Point このエクササイズでは、背骨だけをくねくねさせて左右に動かす。倒れる角度に左右差があるときは、かたいほうを少し長めに行う

回数 左右3回

Ⅲ 正しい姿勢が保てる体幹をつくる

2本足で立っているときに、どれだけ体幹が固定されているでしょうか?
押されてグラグラしてしまうようでは、体幹が弱い証拠。
押されても正しい姿勢を保てる体幹をつくることが、このトレーニングの目的です。
押すときは、3秒くらいかけて横からゆっくり押してあげてください。

押されて動くな 1

目的 押されてもブレない体幹をつくる

方法 足を少し開いて正しい姿勢で立ち、両手は自然な状態で下ろす。親が子どもの肩を左右から押し、子どもは動かないように耐える

Point 肋骨をしめて、体幹に力を入れると押されても動かない

横から、ゆっくり
じわじわ押して
あげましょう

秒数 **30秒**

外からの刺激に勝つ!

「押されて動くな」や「ペアスクワット」のように、外力に耐えて姿勢を保つ能力は、あらゆるスポーツに生かせます。各種競技のウォーミングアップに取り入れて、体幹を固める意識をつけてから競技に取り組むのもいいですね。

押されて動くな②

目的 押されてもブレない体幹をつくる

方法 足を少し開いて正しい姿勢で立ち、両手を合わせてお祈りのポーズをしたら、おしりを少しだけ後ろに突き出してしゃがむ。これを「パワーポジション」といい、ジャンプなどの動作時には必ずこの姿勢をとる（p.29参照）。この姿勢をキープした状態で、親が子どもの肩を左右から押す。子どもは動かないように耐える

Point ①のエクササイズと同じように、肋骨をしめて体幹に力を入れると、押されても動かない。パワーポジションの場合は背中が丸まりやすいので注意する

秒数 **30秒**

ペアスクワット

目的 体幹に力を入れ、体を安定させる

方法 子ども同士で背中を合わせて立ち、腕を組む。その状態で腰を落としていき、スクワットの体勢をつくり、キープ

Point 体幹を意識して、グラグラしないように姿勢を保持する。動きを加えると、より強度が高くなる

秒数 目標 **30秒**

何秒できるかな？
2人でなかよく
チャレンジしよう

小

学生が学校生活で最も長くとる姿勢が「座る」。座っているときに背中が丸くなったり（猫背）、自分の頭が支えられなくなって机にヒジをついたりするのは、ズバリ！　背中の筋力が弱いからです。

背中が丸くなると、胸郭（胸部を形づくるかご状の骨格で、心臓や肺を保護する）が狭くなります。そうすると酸素の取り込み量が減り、脳に行きわたる酸素量が減って眠くなります。また、呼吸がしにくいために口呼吸となった結果、常に口が開きっぱなしとなり、細菌感染率の危険性も高まります。座る姿勢がよくないと、悪いサイクルに陥るのです。

理想の姿勢で座るために重要な筋肉にアプローチしてみましょう。

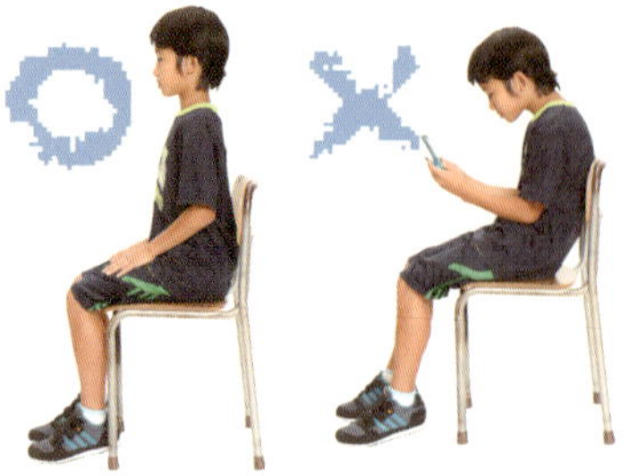

I 骨盤の位置を矯正する

正しい座位姿勢をつくるポイントの1つが「骨盤の位置」。骨盤が寝てしまった（後傾した）状態では、背骨をまっすぐに立てることはできません。
そこで、まずは骨盤の位置を整えた、それから背骨がまっすぐになるエクササイズを行っていきます。

ヒザつきパタパタ

目的 骨盤を立てる

方法 骨盤を立てた正しい姿勢で座り、両ヒザはしっかりとくっつけた状態で、両足を地面から少しだけ浮かしておく。その姿勢から、くっつけたヒザが離れないように、両足を外側に開いていく。両手でイスのふちを持つとやりやすい

Point 開始姿勢で骨盤が後傾していたら、両足を開く動作はできない

回数 20往復

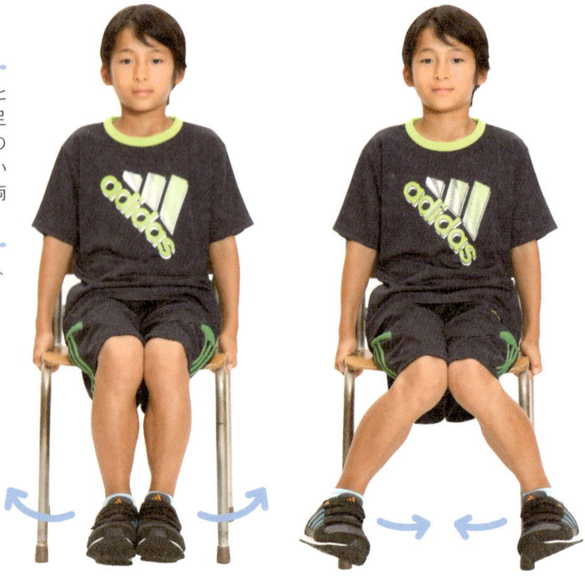

座っておじぎ

授業が始まる前に5回やるだけでも、集中力が違うかも?!

目的 骨盤を立てる、背中側の筋肉強化

方法 両手を頭の後ろで組む。骨盤を立てた正しい姿勢で座り、背骨を1本の柱にして、上体を前に倒したり、元に戻したりする

Point このエクササイズによって背中側の筋肉を鍛えることができ、猫背を防ぐ効果がある。いい換えれば、この姿勢で背中側の筋肉に力が入らなければ、背中は丸くなっていくということ。背すじをピンと張っているだけでも、背中側の筋肉のトレーニングになる

回数 ゆっくり **5** 往復

ヒジグルグル

目的 骨盤を立てる、肩甲骨の動きをよくする

方法 骨盤を立てた正しい姿勢で座ったら、両手をそれぞれ肩に置き、ヒジで大きな円を描くようなイメージで回す

Point 肩甲骨は正しい姿勢のときこそ、よく動くような構造になっているため、背中が丸まった状態では肩が回しにくいことが実感できる。両手を肩に置くのは、より肩甲骨の動きが出てくるため。ヒジで円を描くイメージだが、実際に動かしているのは肩と肩甲骨になる

回数 前回し、後ろ回しとも 各**5**回

Ⅱ 骨盤の位置を正しく固定する

骨盤を動かしやすい状況をつくったら、次は骨盤の正しい位置を体や脳に教える作業を行います。
股関節の付け根にある腸腰筋を鍛えて骨盤を後ろから前にグッと引っ張り、
太ももの裏の筋肉（ハムストリングス）をストレッチして、後ろに引っ張られないようなバランス環境をつくりましょう。

座ってウォーキング

授業中にこっそり
できるのも魅力的！
（でも勉強には集中
しようね）

目的 骨盤の正しい位置を覚える

方法 イスに浅く腰かけ、両手でイスのふちをもって、骨盤を前傾させて胸を張る。この姿勢のまま、その場でウォーキング（足を交互に上げ下げする）

Point 足を上げる高さは、地面から3cm程度でOK。ヒザが外側に開いて、がに股にならないよう注意

回数 30往復

骨盤転がし

目的 骨盤の正しい位置を覚える

方法 イスに浅く腰かけ、両手を腰に添える。骨盤を前後に、交互に倒す（背中を丸めたり、反ったりする）

Point 骨盤を前後に倒す際に、頭の位置は変わらないように固定する

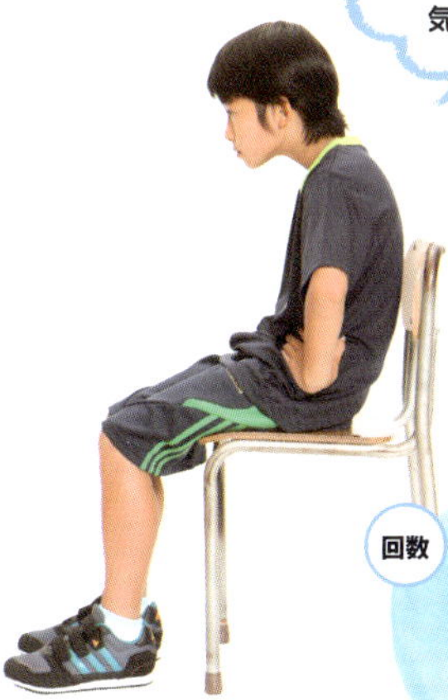

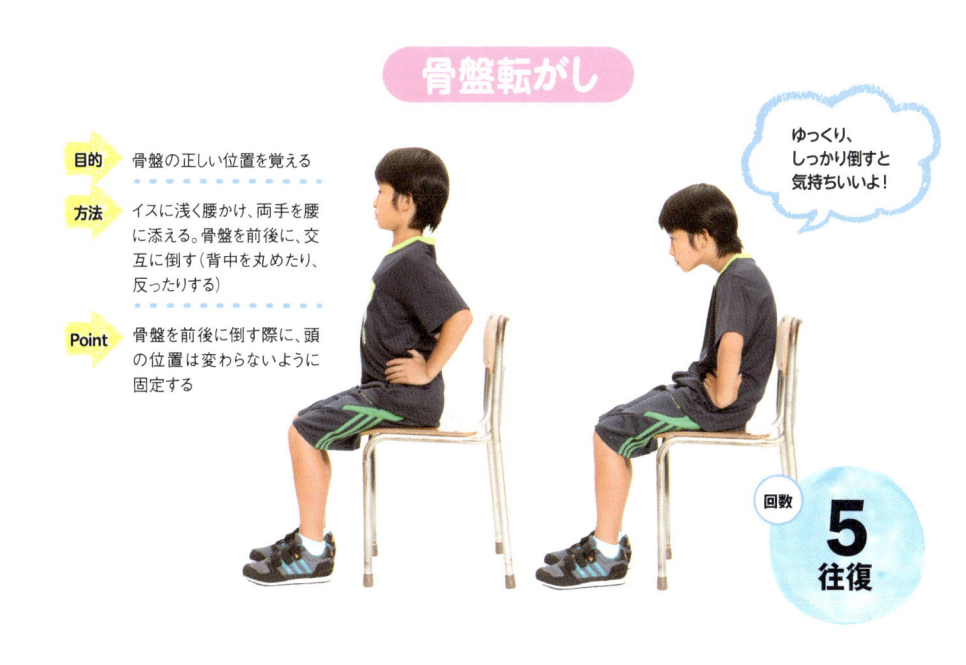

ゆっくり、
しっかり倒すと
気持ちいいよ！

回数 5往復

もも裏伸ばし

目的 骨盤の正しい位置を覚える、ハムストリングスのストレッチ

方法 イスに浅く腰かけ、左右どちらかのヒザを伸ばす。上体を前に倒して、ヒザを伸ばした足の太ももの裏をストレッチ

Point ストレッチの際、ヒザを伸ばした足のつま先は真上を向いていること（内股やがに股にならない）。それから、背すじもまっすぐに伸ばして、猫背にならないようにする

秒数 左右各30秒

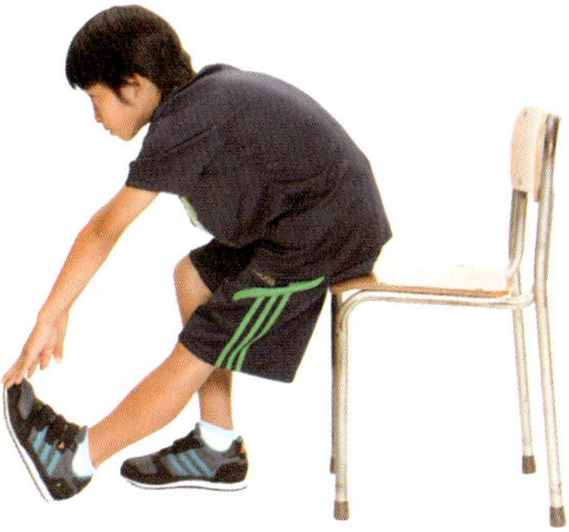

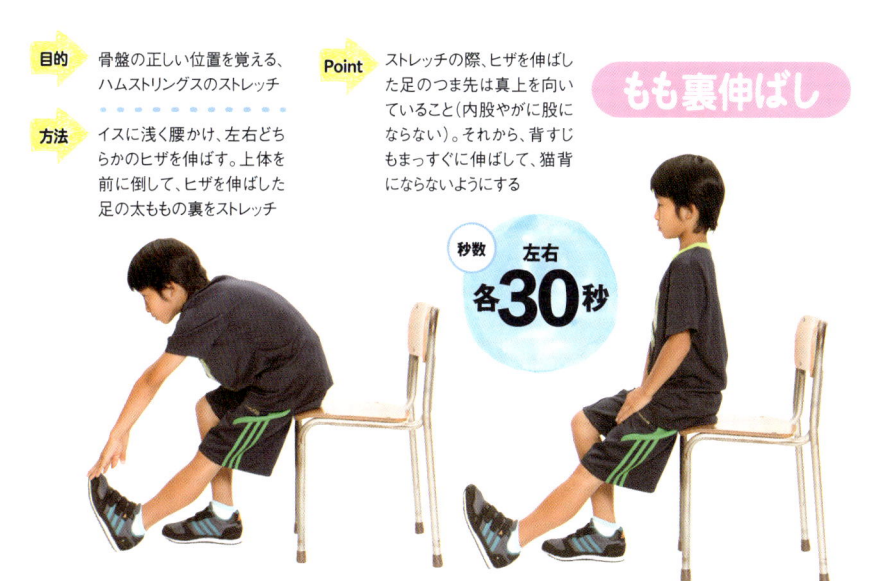

胸を張れば
気持ちも明
るくなる!

「歩く」ときの姿は、人の個性を反映するものといってもいいでしょう。背中を丸め、トボトボと歩く子どもからは、エネルギッシュな印象を得ることはできません。逆に、しっかりした姿勢を保ちながら元気よく歩く子どもからは、健康ではつらつとしたイメージを感じることができます。また、胸を張って歩くことで、気持ちも明るく、前向きになります。それだけでも毎日が楽しくなりそうですね。

この「歩く」という動作をエクササイズ化することによって、運動する環境が少ない子どもでも、正しい体の使い方を身につけることができます。

「歩く」ことは片足立ちの連続でもあるので、片足で立つための筋力や柔軟性、バランスにポイントを絞ってエクササイズを実行していきましょう。

I 歩くための体幹バランスストレッチ

正しく歩くためには、片足で立てるバランス力が必要です。
そこで、まずは片足で立ちながら行うストレッチから始めます。
片足で立つことに必要な体幹の筋肉を鍛えながら、おしりと、太ももの前側と裏側を伸ばします。
そこに適切な柔軟性があれば、広めの歩幅を保った、しなやかで力強い歩きができるでしょう。

ヒザかかえバランス

目的 おしりのストレッチ

方法 両手で片ヒザを抱え、姿勢を正す。ヒザを抱えたほうのおしりが伸びていることを意識する。このとき、軸足のヒザはまっすぐに伸ばす。その状態で3秒キープ

Point おしりの筋肉(大殿筋《だいでんきん》)をストレッチすることで、骨盤の後傾を防ぐことができる。骨盤が正しい位置にあれば、バランスもとりやすい

回数 左右5回

体幹で体を支え
ながらおしりを伸
ばそう!

歩行と柔軟性

おしりや太ももの柔軟性が低いと、股関節の動きが小さくなります。歩幅は必然的に狭まり、歩行動作も小さくなってしまいます。

ヒザ曲げバランス

目的 太ももの前面のストレッチ

方法 片ヒザを曲げ、手を使ってかかとをおしりにつける。太ももの前面が伸びているこの状態で、反対側の手をまっすぐ上に伸ばす。そこで3秒キープ

Point このエクササイズでは、太ももの前面のほか、背中とわき腹も対角線上に伸びる。それによって、歩くときのヒザの負担が軽減され、姿勢も改善される

手をピーンと張って、元気よく上に伸ばそう！

子どもと外《がい》反《はん》母《ぼ》趾《し》

最近は、外反母趾の子どもが急増しているそうです。足の裏の筋力低下や靴による締めつけが原因で、足の親指が小指側に曲がるのですが、歩行に悪影響を及ぼすだけでなく、心の問題にもなりかねません。

回数 左右 **5** 回

トンボバランス

目的 太ももの裏側のストレッチ

方法 片足で立ち、両手を広げて体を前に倒し、バランスを保った状態で3秒キープ。軸足の太ももの裏側が伸びていることを意識する

Point やや難易度の高いエクササイズ。頭のてっぺんから上げたほうの足先まで、まっすぐピンと伸ばすこと。上げたほうの足が下がってしまうと、太ももの裏側がしっかりストレッチできない

頭からつま先まで一直線！

回数 左右 **5** 回

Ⅱ 歩くための体幹バランス筋トレ

「歩く」というのは、体幹の中心（腰椎周辺）が固定された状態で、手足を振り回す行為です。
このトレーニングでは、体幹に力を入れ、片足で立ってバランスをとりながら、
手足を動かして歩くのに必要な筋肉を鍛えます。
これによって、安定した歩行フォームを身につけることができます。

回数 左右片足ずつ各3往復

振り子バランス

腕はできるだけ大きく回そう！

目的 揺れに耐える体幹をつくる

方法 片方の太ももを90度の高さまで上げて、バランスをとる。軸足側に両腕を肩の高さまで上げ、頭上に大きな半円を描くようにして逆側に動かす。もう1度半円を描くようにして、腕を元の位置に戻す

Point 腕の付け根の筋肉を使って、腕を大きくゆっくり動かす。腕を振り回したときに体の重心がズレるので、体幹の筋肉を使ってそれを防ぐ

正しい靴の選び方

小学生の足のサイズは、1年間に約1cmずつ伸びるといわれます。そのせいか、大きめの靴を履《は》く子どもも多いようですが、足にフィットする靴が正解。靴の中で足が大きく動かず、けれども指は自由に動く。そんな靴を選びましょう。

もも上げヒザ伸ばし

目的 歩くのに必要な筋肉を鍛える

方法 正しい姿勢で立ち、手は腰に添える。片方の太ももを90度の高さまで上げたら、次にヒザを伸ばす。ヒザを伸ばしたときに、上げた足が45度くらいになるように。最後に、静かに足を下ろす

Point 歩行の1歩目を強調したエクササイズ。「歩く」という動作をスローモーションで行うイメージ。体幹にきちんと力を入れ、骨盤が前後しないように注意する

回数 左右片足ずつ 各5回

③（①に戻る）　②　①

バランスT

回数 左右片足ずつ 各5往復

目的 バランス力をアップさせる

方法 正しい姿勢で立ち、片方の太ももを90度の高さまで上げる。胸の前で両ヒジをくっつけた状態から、ゆっくり両腕を左右に開き、全身で「T」の字をつくり、3秒キープ。この動作を繰り返す

Point 「歩く」というのは片足立ちの連続なので、このエクササイズでは片足で立てるだけのバランス力を養う。体幹に力を入れて、動作をゆっくり行うこと。「T」の字をつくるときは、思いきり胸を開く

III コーディネーション・ウォーキング

体幹バランスストレッチと筋トレで鍛えた柔軟性・筋力・バランス力を生かして、実際に歩いてみましょう。
ここでは「歩く」ことをそのままエクササイズ化したものを行います。
意識してゆっくり歩いてみると、いかに体幹に力が入るかがわかるはず。
モデルになったつもりで、ウォーキングにトライしてみましょう!

目的 正しい姿勢で歩く

方法 両足を前後にそろえて、正しい姿勢で立つ。右足のつま先に、踏み出した左足のかかとをぴったりとくっつける。今度は、左足のつま先に右足のかかとをくっつける。これを繰り返してウォーキングを行う。歩くときは、腰に手を添えても、腕を振ってもよい

Point 平均台の上を歩いてもOK。背中が丸くならないように注意する。体幹に力が入っていれば、背中は丸くならない

ヒール&トー・ウォーキング

気分はスーパーモデル!

歩数 **20歩**

正しい靴の履き方

かかとを踏まないように、両手で靴を持って足を入れます。次に、地面でかかとをトントンとやって、かかとを合わせ(ここがポイント!)、靴ひもを結びましょう。

つま先ウォーキング

目的 バランスをとりながら歩く

方法 一本の直線上を、つま先立ちで歩く。歩くときは腰に手を添えても、腕を振ってもよい

Point "ヒール&トー・ウォーキング"に比べ、バランスがより不安定になるので、さらに体幹の筋肉を使うことが求められる。また、姿勢をまっすぐにしておくことも必要。胸を張って、バレリーナのようなイメージで行う

歩数 20歩

クロスウォーキング

目的 バランスをとりながら、正しい姿勢で歩く

方法 正しい姿勢で立ち、足をクロスさせながらゆっくり前進する。歩幅は左右で同じ長さに。歩くときは腰に手を添えても、腕を振ってもよい

Point コーディネーションの要素を含んだウォーキング。頭の位置が常に同じであることが大事。足をクロスさせるときに、上半身が左右に揺れないよう意識して行う

運動神経の向上

誰もが運動神経(巧《こう》緻《ち》性)を発達させることが可能です!カギは「子どものときの運動経験」。体を使ってたくさん遊び、そのなかで基礎的運動を身につけることが大事です。

歩数 20歩

「走る」ことは、運動会や体育の授業でも求められる単純な運動能力なのですが、その能力の向上方法がわからない、難しいといわれることが多いようです。しかしながら、体幹がしっかり機能して姿勢を安定させることができた上で、手足が動けば、足は必ず速くなります！体幹を固めて股関節をダイナミックに動かすためのエクササイズで走りをレベルアップさせましょう。

そのためには、最初に走る動作のメカニズムを知っておくことも大切です。走る動作をシンプルに分析すると、スタート（走り出し）とトップスピードにのったとき（維持）の2つの局面があります。スタート時はかなり前傾姿勢で、足は地面を押すピストンの動きをしています。一方、トップスピードにのったときは、上体が起き上がり、足は回転運動に変わっていきます。

走る動作を向上させるためには、やはりスタートダッシュがポイント。スタートダッシュで差をつけるためには、「柱づくり」が欠かせません。まずはそこから入っていきましょう。

I 「走る」ための柱をつくる

「走る」ときに重要なのが、柱をつくること。つまり、体を1本の柱のようにまっすぐな上体で固定させるための体幹の筋肉が欠かせません。この体幹筋が弱いと、体がブレてしまい、走るときに足で地面をしっかり押すことができないので、走るための柱をつくり、足で地面を押す訓練をしましょう。

壁立て柱

目的 柱をつくる

方法 壁に向かい合い、肩の高さで両手を壁について、つま先立ち。頭からかかとまでが1本の柱のようにまっすぐな姿勢を保つ

Point 肋骨をしめて、体幹にしっかり力が入っていることを意識する

体が曲がったり、ねじれたりせずに、1本の柱になっているかな？

秒数 30秒

蹴らずに、押す

速く走るためには、地面を蹴るのではなく押すこと。地面を押すことで反発力を利用して、前進することが大切です。

壁立て床押し

目的 足で地面をしっかり押す意識をつける

方法 "壁立て柱"の姿勢から、素早くどちらか片方の太ももを引き上げ、地面を押すイメージで足を振り下ろす。同じ足で連続10回繰り返したら、反対の足も同様に行う

Point 太ももを引き上げることよりも、引き上げた足を下ろすときに地面をしっかり押す意識をもつこと。最初は片足ずつ行うが、慣れてきたら左右交互にすることで走る動作に近づけていく。最終的にはポンポンとリズミカルに行えるようになるのが理想

回数 左右各10回

タオルラン

目的 走る動作のステップアップ

方法 帯状に折りたたんだタオルを子どもの腰にかけて、親が後ろからタオルの両端を持つ。子どもはタオルに体を預けるように前傾姿勢をとり、全力で前進しようとする。親は前進しようとする子どもに抵抗をかけて、ゆっくりと少しずつ前進させるようにする

Point 子どもは"壁立て床押し"のときのように、引き上げた足で地面を押すイメージで下ろす。壁に手をついていないぶん、腕の振りも意識して大きく。最初は親の抵抗を強くしてゆっくり前進するが、慣れてきたら素早く、力強く前進していく

回数 10m×5セット

Ⅱ 爆発的&リズミカルな体の使い方

「走る」基本となる、“柱”と“床押し”ができるようになったら、
今度はダイナミックに動いてみましょう。
リズミカルな動きの能力を習得しておくことは、速く走るときの足の運びに好影響を与えます。

ピラースキップ

目的 リズミカルな動きの習得

方法 “壁立ち床押し”や“タオルラン”（ともにp.49を参照）の足の運びを応用してスキップを行う。体を1本の柱のようにまっすぐに保ち、腕は真上（180度）まで振り上げる

Point 最近は子どもや、大人でもスキップができない人が多い。できる限りリズミカルに、かつダイナミックにスキップを行うが、もしスキップがうまくできない場合は、マーチ（通常の歩行）から始めてもよい

片方の足で2歩踏み込むのがスキップだよ。リズミカルにスキップができるかな？

歩数 **20歩**

スキップのコツ

スキップのコツは「ケンケン」と「リズム」。スキップは片足で2歩ずつ踏みます。つまり、ケンケンの習得が大前提。「ケンケン、ケンケン」と片足ジャンプが2回ずつ、左右交互に行えるようになったら、リズムをつけます。1歩目が長めの「ケーン・ケ」のリズムです。

バットキック

太ももの前側が伸びていることも意識できると◎

目的 リズミカルな動きの習得

方法 両腕を後ろに回し、手の甲をおしりにあてる。その状態で、かかとを手のひらにタッチするように、ヒザを折りたたんでステップ、ゆっくり前進する

Point リズミカルな動きが神経系のトレーニングとしてもいい。また、ヒザを折りたたむような動作によって太ももの前面のストレッチ効果が得られ、関節の可動域（問題なく動かせる範囲や角度）を広げることができる

歩数 **20歩**

リズム感を習得

このページで紹介したトレーニングは、コーディネーション・トレーニングにもなります。身のこなしの上達に最適!

ステップキック

目的 リズミカルな動きの習得

方法 両手は腰に添える。①（かかとをおしりにつけるようなイメージで）ヒザを曲げる、②曲げた足を前方に振り出す。①②を左右交互にリズムよく、「ポンポン、ポンポン」と連続して行う

Point “ピラースキップ”や“バットキック”に比べて動作が1つ増えるので、よりコーディネーション能力、体の調整力を高めることができ、その結果、体の使い方が上手になる

歩数 **20歩**

Ⅲ「走る」ための筋トレ

「走る」ためには、体幹筋や動作が大切ですが、全身の絶対的な筋力がなければ、
やはりパフォーマンスは発揮できません。
筋力の弱い子どもには、このページで紹介するようなエクササイズが有効です。
大人の筋トレと違うのは、筋肉をつけることではなく、「走る」動作とバランスを養うための筋トレである点。

ニーハグラン

目的 走るために必要な筋肉を刺激

方法 片方のヒザを抱えるような“ニーハグ”の姿勢から、抱えたヒザを後ろに引いて、走るような姿勢をとる

Point 片足立ちのときは、足の裏のまん中にあるアーチ（土踏まず）に重心があることが大切。そして、ヒザを抱えていた足を引いて地面に着いたときは、前に来る足に7割、後ろに引いた足に3割の割合で体重が乗るようなイメージ

回数 左右各5回

ニーハグランジ

目的 着地の衝撃に耐える

方法 片方のヒザを抱えるような“ニーハグ”の姿勢から、抱えた足を1歩前に踏み出す“ランジ”と呼ばれる姿勢をつくる

Point 踏み出した足が着地するときに、グラつかないように体幹や下半身の筋肉でしっかり体を支える。また、ランジは、後ろ足のヒザが地面スレスレまでくるくらいに沈み込む。踏み出した足のヒザが、つま先よりも前に出すぎないように注意すること

回数 左右各5回

ツイストランジ

目的 上体の動きを加えた上で、着地の衝撃に耐える

方法 直立の姿勢から、片足を1歩踏み出してランジをしながら、同時に、踏み出した足側（右足を踏み出したなら右側、左足を踏み出したなら左側）に上体をひねる

Point ランジは、後ろ足のヒザが地面スレスレになるくらいまで沈み込む。背すじをまっすぐ伸ばし、“柱”を崩さないよう、ていねいに行う。ひねる角度が左右で均等になるように意識。ひねる動作が難しければ、最初は無理に大きくひねる必要はない。踏み出した足のヒザが、つま先よりも前に出すぎないように注意すること

回数 左右各5回

“姿勢が悪くなる”組み合わせにご注意！

ストレッチの代名詞ともいわれる、太もも裏（ハムストリングス）を伸ばす、もも裏伸ばし（p.99）、腕を抱える“腕抱っこ”ストレッチ（p.95）、そして腹筋運動。どれも大切ですが、これらはすべて体の表側、つまり体が丸まる方向の運動です。体を伸ばす運動をせず、これらの組み合わせだけをやり続けると、体は丸まりやすくなり、だんだん姿勢が悪くなってきてしまいます。

肩が前に突き出ていたり、「気をつけ」の姿勢をしたときに手のひらが後ろを向いていたりしていませんか？　これらの現象は猫背であることを意味するものなので、注意が必要です。

これを改善するには、それぞれに対応した逆方向のエクササイズを一緒に行います。もも裏伸ばしには太もも前面（大腿四頭筋）を伸ばす、もも前伸ばし（p.99）、腕抱っこストレッチには胸を張るTストレッチ（p.96）、そして腹筋運動に対しては背筋運動。対応するエクササイズを行い、前後のバランスをとることが大事なのです。

テレビゲームをする、パソコンに向かう、勉強する――これらはすべて背中が丸まる動作です。しかも、体の前面は鏡などを使えば自分でも確認しやすいため、どうしても前面の筋肉に偏りがちです。正しい姿勢をつくるためにも、体の前面よりも後面に注意を向けるといいでしょう。

ストレッチもトレーニングも、体の前面をやったら後面も同じようにバランスよく行うことが大事

Inner
muscle
training

第 2 章
運動好きにする!

第１章で、日常生活でも欠かすことのできない
正しい基礎的動作をマスターするためのトレーニングを紹介しました。
この章では、基礎的動作をさらに確かなものとし、
運動・スポーツにつなげていくための、
体幹トレーニングについて説明していきます。

Total
training

Outer
muscle
training

近年は、大人にも大ブームの体幹トレーニング。第1章でお話ししてきたような「立つ」「座る」「歩く」「走る」といった動作を正しく行うためには、やはり体幹の強化が欠かせません。大人の場合は、複雑な動きや高い負荷をかけて行うものもあり、非常にバリエーションに富んでいますが、小学生の場合は、眠っている本来の機能を呼び覚ますことが目的になります。そのため、基本的には「立ったままで行える」メニューで構成されます。

まずは、腹横筋をはじめとした体幹の深層筋（インナーマッスル）を効率よく鍛えて強固な柱をつくりましょう。そのためのトレーニングとして、「うつぶせ」「横向き」「あおむけ」の3つの姿勢をテーマにしました。シンプルな動きで負荷も高くないので、テレビを見ながら、あるいはコマーシャルの時間を有効利用するなどして、いつでも手軽に実践することができます。ただし、回数をこなすことよりもトレーニング姿勢（フォーム）が大事なので、その点は親がしっかりチェックして、「まっすぐだよ」「おしりが上がっているよ」などと声をかけてあげてください。

I うつぶせ系トレーニング

まずは、おなかを地面に向けたうつぶせの状態で体幹のインナーマッスルを鍛えましょう。
うつぶせ系のトレーニングは、インナーマッスルを鍛えるトレーニングの中でも、
最も体が1本の柱になるのを意識しやすいといえます。これがきちんとできれば、腕立てふせなどにも応用できます。

うつぶせ体幹

目的 体が1本の柱になるのを意識しながらの体幹強化

方法 両ヒジと両足の4点で、1本の柱にした体を支え、20秒間、その姿勢を維持する。20秒だとキツい場合は10秒から始め、20秒の姿勢維持がラクに行えるようであれば30秒にする。10秒も維持できないときは、両ヒジと両ヒザの4点支持にして難易度を下げる。逆に難易度を上げたい場合は、片足を上げて3点支持にする

Point 肋骨をしめて、体幹の筋肉に力を入れる。また、おしりにもグッと力を入れて骨盤の位置を整えること。おしりに力が入っていないと体が一直線に保てず、おしりがポコッと上がる（体が“への字”に曲がる）

秒数 20秒

うつぶせ体幹の正しい姿勢が維持できるようになったら、ゲーム要素を取り入れてみよう。2人1組になって、うつぶせ体幹の姿勢のまま片手を浮かせてジャンケン！　何回続けられるかな？

よつんばい体幹

回数 左右交互 3秒 ×5回

目的 体が1本の柱になるのを意識しながらの体幹強化

方法 両手と両ヒザをついたよつんばいの姿勢をとる。そこから対角線上の片手と片足を上げて（右手と左足／左手と右足）、3秒間キープしたら反対も同じように3秒キープ。これを5回繰り返す

Point 背中が丸まったり反ったりせず、頭から腰までが1本の柱になっていること。対角線上の手足を上げると、胴体にひねりが加わり、姿勢がねじれる場合があるので注意する。背中は、テーブルの天板のような1枚の板になっているイメージ。上げている手足の肩まわりやおしりの筋肉も鍛えられるので、姿勢づくりに最適

スパイダーマン

目的 体が1本の柱であることを意識したまま動く

方法 両手と両足をついたよつんばいの姿勢から、四足歩行を行う。左右いずれかの足を出したら、次は、同側の手が前に出るように

Point 動きを伴うが、やはり頭から腰までが1本の柱になっていることが大切。手足を出すたびに姿勢が崩れないようにする。四足歩行のイメージは、のしのしと歩く熊か、アニメのスパイダーマン

歩数 20歩

四足歩行の効果

進化の過程で直立二足歩行になった人間。しかし四足歩行には、足腰の負担を軽減させる、体の90%の筋肉を使う全身運動になるといったメリットもあります。

Ⅱ 横向き系トレーニング

次は、横向きで行う体幹トレーニング。横向きの状態で柱をつくることで、
特に地面に近い下側のわき腹（腹斜筋群）に刺激が入ります。
必然的に片手と片足の2点支持がメインとなるので、
うつぶせに比べるとトレーニングの難易度も高くなるといえるでしょう。

横向き体幹

体が前後にブレないように、1本の柱になっているかな？

目的 横向きで柱をつくる、わき腹の筋力強化

方法 横向きになり、下側にくるヒジと足で支え、体を一直線に保つ。その姿勢を20秒キープ。終わったら反対側も行う

Point 上側の手は体側に添わせるとバランスがとりやすい。姿勢維持が簡単な場合は、上側にくる足を上げるとバランスをとるのが難しくなり、難易度が上がる

本当に機能している？

近年、流行の一途をたどる体幹トレーニングですが、実施時には注意が必要。それはアスリートが行うようなトレーニングは、体幹がしっかり機能させられる人でなければ、できない可能性が高い点です。形だけまねても、インナーマッスルが機能しているとは限りません。むしろ、外側の大きな筋肉で何とか姿勢を保持しているケースが多く、ケガを引き起こしてしまう危険も十分にあるので、無理は禁物です。

秒数 20秒

ヒザつき横向き体幹

秒数 20秒

目的 横向きで柱をつくる、わき腹の筋力強化

方法 横向きになり、下側にくるヒジとヒザで支え、体を一直線に保つ。その姿勢を20秒キープ。終わったら反対側も同様に行う

Point “横向き体幹”を楽にしたバージョン。横向き体幹の姿勢維持が難しい人はこちらから始める

レベルに応じて①

小学生は特に、シンプルな姿勢保持によってインナーマッスルを使えるようにしましょう。体幹に近い位置で体を支えたほうが難易度は下がります（例:手＞ヒジ、足＞ヒザ）。

スター

目的 横向きで柱をつくる、わき腹の筋力強化

方法 横向きになり、下側にくる手と足で体を支え、上側にくる手足を広げる。その姿勢で体を一直線に保ち、できるだけ体勢を維持する。終わったら反対側も行う

Point 上側の手足を広げるので、横向き体幹に比べて難易度がグンと上がる。また、足を大きく開くことで股関節周辺の筋肉も使われ、強度も高まる

秒数 目標 20秒

何秒できるかな？ 20秒できたら合格！

Ⅲ あおむけ系トレーニング

最後は、おなかを上に向けたあおむけの姿勢で体幹のインナーマッスルを鍛えます。
あおむけのときは、おなかの力が抜けてしまいやすいので、
すべてのトレーニングの基本となる
「肋骨をしめる」ことを特に忘れずに実施しましょう。

あおむけ体幹（ブリッジ）

秒数 **20秒**

目的 あおむけでの体幹強化

方法 あおむけになり、両肩を床につけた状態で腰を浮かしてブリッジを作り、肩からヒザまでを一直線に保つ。20秒キープ

Point 体幹部の中でも特に、殿《でん》部《ぶ》（おしり）と腰部によく効く。肋骨をしっかりしめる意識を忘れない

レベルに応じて②

体幹のインナーマッスルを鍛えるときに、次のような方法で難易度を調整するとよいでしょう。
①支点の距離…近く（ヒジとヒザ）から遠くへ（手と足）
②支点の数…多く（4点支持）から少なく（2点支持）
③手足の動き…静止状態から、手や足を動かす

あおむけ体幹（足上げ静止）

秒数 左右各 20秒

目的 あおむけでの体幹強化

方法 あおむけになり、両肩を床につけた状態で腰を浮かしてブリッジを作り、左右いずれかの足を上げる。20秒キープ。反対側の足も行う

Point 片足を上げることで難易度が上がる。肩から上げたほうの足までを一直線に保つ

あおむけ体幹（足回し）

目的 あおむけでの体幹強化

方法 あおむけになり、両肩を床につけた状態で腰を浮かしてブリッジを作り、左右いずれかの足を上げる。上げたほうの足を、円を描くように回す。内回し、外回しを各5周

Point さらに難易度が上がる。足を回すことによって、姿勢がブレやすくなるので、おなかにしっかり力を入れて姿勢を安定させること。股関節の動きを伴うので、あらゆるスポーツの動作強化に貢献する

回数 外回し・内回し 各5周

体の内側にあるインナーマッスルを鍛えたら、今度は外側（表面）にあるアウターマッスルにアプローチしていきます。
インナーマッスルは、体の支えとなる強い柱をつくって、正しい姿勢をキープさせる役割を果たしています。それに対してアウターマッスルは、体が動くときのダイナミックさを表現するものです。
アウターマッスルを鍛えるというと、一般的には筋肉を大きくすることが目的ととらえられがちですが、ここで紹介するエクササイズは、小学生に必要な筋力を向上させることを目的としています。
アウターマッスルが鍛えられることにより、「歩く」「走る」などの基本的な動作はもちろん、「投げる」などのコーディネーション動作やスポーツ競技の動作も、より力強くできるようになります。しっかり鍛えて、ダイナミックに動ける体をつくっていきましょう。

I 腹筋を鍛える

腹筋運動は小学校の体育でも行われていますが、このトレーニングでは、
それをより適切なフォームで正しく行っていきます。
腹筋は体幹を直接的に支えてくれる重要な筋肉。
このトレーニングをやることにより、体幹がさらに安定しやすくなります。

足上げ直角腹筋

回数 20回

目的 おなかの前面の筋肉（腹直筋）を鍛える

方法 あおむけに横になり、股関節とヒザをそれぞれ90度に曲げておく。両手を頭に添えて、腹筋を使って上半身を起こす

Point 不安定な足を動かさないようにする力が必要になるため、足を床につけた状態よりも難易度が上がる。首だけの運動にならないように、背中を丸めることを意識する。目安は20回だが、レベルに応じて10～30回の範囲で行う

ひねり腹筋

回数 **10** 往復

目的　おなかの横の筋肉（腹斜筋群）を鍛える

方法　あおむけに横になり、股関節とヒザをそれぞれ90度に曲げておく。腕は両サイドに開いて床につける。その状態で、胴体をひねりながら上げた足を左右に倒す。メトロノームのような動きをイメージするとよい

Point　腰まわりをストレッチする感覚でできるエクササイズ。腰を反らないように、背骨のまっすぐな柱をキープした状態で行う。また、足を倒す方向とは反対側の肩が浮かないように注意する。難易度を上げるためには、ヒザを伸ばして行うとよい。逆に難易度を下げるためには、左右に倒す角度を浅くする。通常は真上を0度として、左右に70～80度くらいまで倒す

足上げ腹筋

回数 **10** 往復

目的　おなかの下の筋肉（腹直筋下部）を鍛える

方法　あおむけに横になり、両足を少しだけ浮かせた状態から、おなかの力を使って90度の高さまで上げる。足を下げたときも床から少しだけ浮かした状態をキープしておく

Point　基本的にはヒザを伸ばした状態で行うが、難易度を下げたい場合はヒザを軽く曲げて行ってもよい（写真A）。腰を反らすと痛めてしまうので、腰が浮かないように注意。目安は10回だが、比較的簡単に行える場合は15回、できない場合は5回でもOK

A

Ⅱ 背筋を鍛える

体の前面にある腹筋を鍛えたら、今度は後面にある背筋を鍛えます。背中側の筋肉は、
自分ではなかなか意識できないのでおろそかになりがち。
しかし、正しい姿勢を保つためには非常に重要な部位なので、積極的に行ってください。

アルファベット背筋

回数 1回ずつ

目的 背中の筋肉全体の筋力をアップ

方法 うつぶせで横になり、反動を使わずに両手と両足を上げる。その状態で、アルファベットの「Y」「T」「W」「A」「X」「L」「I」を体全体で表現する

Point 文字を表現するときにも反動は使わないこと。これらの文字をすべて作ることにより、背中にある筋肉全体がバランスよく刺激される。背中を反った状態をキープしながら行うため、正しい姿勢を保つのに必要な脊柱起立筋群（背骨付近の筋肉）が特に鍛えられる

シーソー

目的 体の後面の筋肉全体を鍛える

方法 うつぶせで横になり、手の先からつま先まで一直線に伸ばす。この状態で、伸ばした腕の方向、足の方向に体重を前後させて、シーソーのような動きをする

Point 脊柱起立筋、大殿筋《だいでんきん》、ハムストリングス（太ももの裏）など、体の後面の筋肉を使って体を反らせ、重心をコントロールしながらシーソーの動きを行う。自分の体を上手に使いこなすための背筋エクササイズ

回数 **10回**

水魚のポーズ

目的 体の後面の筋肉全体を鍛える

方法 うつぶせで横になり、両手を背中側に回して両足首を持つ。胸を反らし、顔を上げた状態をキープ

Point シーソーと同じく、脊柱起立筋、大殿筋、ハムストリングスを使って体を反らすエクササイズ

胸をしっかり反らして、できるだけ丸くなろう！

秒数 **20秒**

腹筋と背筋の役割

「インナーマッスルを鍛えれば十分では？」と思われる方もいるかもしれませんが、インナーマッスルの役割は動きの微調整をすること。ですから、体をしっかり支え、姿勢を正すには、アウターマッスルにも刺激を入れてあげねばなりません。

Ⅲ 腹筋と背筋を鍛える

腹筋と背筋をそれぞれ鍛えたら、今度はそれらを使った対角線の動作を練習します。
「歩く」「走る」「投げる」などの動きは、すべて対角線の動作です。
このトレーニングを行うことで、それらの動きがよりスムーズにできるようになります。

ヒジヒザタッチ

回数 左右10回ずつ

ヒジとヒザをタッチしたあとは、上下に思い切り伸びるよ！

目的 腹筋と背筋を対角線で鍛える

方法 足を少し開いて正しい姿勢で立ち、対角線上に片手と片足を伸ばす。その状態から、ヒジとヒザをタッチ。再び手と足を伸ばす

Point ヒジとヒザを近づけるときは、腹筋を使っておなかを丸める。手足を伸ばすときは、背筋を使って体を反らせる

運動時の服装

運動時は薄手の動きやすい服装が一番です。夏場は大量の汗をかくので、風通しがよく速乾性のものを、冬はその上に着脱が簡単なジャージやウィンドブレーカーなどを羽織るとよいでしょう。それから、運動後は必ず汗をふくこと!

クロスでアーチ

目的 背中とおしりの筋肉を対角線で鍛える

方法 うつぶせで横になり、両手を前に出す。体を反らしながら片方の手と反対側の足を上げた状態で3秒キープ

Point 体の後面のクロス動作を行うエクササイズ。手を上げたほうの背中の筋肉と、足を上げたほうのおしりの筋肉が対角線上に働いていることを意識する

回数 左右5回ずつ

つま先タッチ

回数 左右5回ずつ

目的 腹筋を対角線で鍛える

方法 あおむけになり、大の字になる。腹筋を使って上体を起こし、片方の手で反対側のつま先をタッチ

Point 体の前面のクロス動作を行うエクササイズ。わき腹の筋肉が使われていることを意識して行う

全身を使ったトレーニングだけど、体幹が固定されているかどうかの意識を忘れないでね！

インナーマッスルとアウターマッスルの両方をトレーニングすることで、筋肉を機能させられるようになり、体幹をしっかり固定した状態にすることができるようになったら、全身を総合的に鍛えていきます。

　現代の子どもたちは、体を思い切り動かして遊ぶことが少なくなってきており、特に、昔に比べて上半身を使う機会が激減しています。そこでここでは、上半身の動作がメインとなる種目と、スクワット動作が加わる種目を中心に構成しました。ジャンプ動作が入ってくるトレーニングもありますので、ここまでで意識づけしてきた、1本柱のような体幹をより意識した上で、実践してみてください。

I 肩まわりを強くしよう

まずは、肩まわりの強化を目的としたトレーニングから行っていきましょう。
肩関節はさまざまな方向に動き、運動範囲が広いので、
強化することで、より動作の安定性が増し、パフォーマンスの向上が望めます。

回数 10回

腕立てふせ

目的 肩まわりの強化

方法 うつぶせ体幹の姿勢で両手を地面につく。体を1本の柱にして維持し、腕立てふせを行う。ベースは10回とし、キツい場合は5回、10回がラクに行える場合は15回に設定

Point 負荷が高すぎると、おしりが突き出て体が“への字”になったり、肩をすくめたりしてしまうことが多い。回数をこなすことよりも、正しい姿勢（体を1本の柱にすること）をキープできるかどうかが大切なので、回数にこだわらないこと

回数よりも
正確さだよ!!

かかし

回数 **20回**

①⑤　②④　③

目的 肩まわりの強化

方法 上体を折り曲げ、股関節とヒザも軽く曲げた姿勢で、両腕を下に伸ばしておく。①その姿勢から、②ヒジを90度に曲げながら肩を引く（肩甲骨を寄せる）、③下に向いた手を顔の横にもってくるように肩を回す、④②のポジションに戻す、⑤スタートポジションに戻す。①～⑤をテンポよく20回繰り返す

Point ②は肩関節の水平伸展という動作。肩甲骨の間の筋肉を使うので胸が張りやすくなる。③は肩関節の外旋という動作。肩が前方に突き出るのを防ぐ。この2つの動作は、姿勢の悪さ（猫背）を改善するのに有効。頭からおしりまでは一直線にして、背中が丸まらないように！

しゃがんでバンザイ！

回数 **10回**

目的 肩まわり＋下半身の強化

方法 スクワット姿勢（股関節・ヒザ・足首を曲げた状態）で両手はつま先にタッチしておく。①このスタート姿勢から②立位姿勢になって両手は肩をタッチ、次に③つま先立ちになって手を上げる。④②のポジションに戻し、⑤スタートポジションに戻す。スクワット動作に手を上げる動作（ショルダープレス）が加わった全身の複合運動。①～⑤を10回繰り返す

Point 大人も子どもも、肩より上に手を上げる機会が減ってきているため、肩の動きを出すトレーニングになる

③　②④　①⑤

Ⅱ ブリッジ系トレーニング

ブリッジは、上半身の筋力を使いながら体幹にもフォーカスした種目となります。
ブリッジとは逆の、よつんばい姿勢でのトレーニングもまじえながら、
引き続き肩まわりの筋力強化も行いましょう。

秒数 10秒

ブリッジ

バランス運動にもなるブリッジ

ブリッジは肩まわりや背中側の筋力強化のトレーニングですが、普段はとらない姿勢を維持することでバランス運動にもなり、バランス力を高めるトレーニングとしても実施されます。また、おしりの筋肉が働くことで"小じり効果"も期待できます（お母さんには魅力的!?）。ただし肩や背中の柔軟性が必要なので無理はしないでください。

目的 肩まわりの強化＋体の前面の柔軟性向上

方法 おなかを上に向けるような姿勢になり、両手と両足で体を支えて橋（ブリッジ）を作る。この姿勢を10秒キープ

Point ブリッジ動作は、背骨がグッと反る運動のため、背中側の筋肉が鍛えられ、背中が丸くなってしまうのを防ぐ効果がある

ブリッジウォーキング

歩数 目標 10歩

目的 肩まわりの強化＋体の前面の柔軟性向上

方法 おなかを上に向けるような姿勢になり、両手と両足で体を支えて橋（ブリッジ）を作る。この姿勢で四足歩行を行う

Point 難易度が高いトレーニング。地面に対して頭が逆になっているので、四足歩行をしようとすると、手と足、どちらが動いているのかがわからなくなってしまう。最初はどちらに進むのか、手足をどの順番に出していくのか、などを考えながら実施するが、慣れてきたらスムーズに歩けるようになりたい

スタンド歩行

回数 5セット

目的 肩まわりの強化＋体の後面の柔軟性向上

方法 両手と両足をできるだけ近くでつき、腰をまっ二つに折り曲げたようなよつんばいの姿勢になる。そこから、まずは両手だけを交互に動かし、“うつぶせ体幹”の姿勢に。まっすぐな1本の柱の姿勢になったら、そこから今度は両足を動かして最初の姿勢に戻る。これを1セットとして5セット

Point 両手を動かしているときは肩まわりのトレーニングになり、足を動かして近づけていくときは太もも後面（ハムストリングス）のストレッチ効果がある

Ⅲ ジャンプ系トレーニング

全身を総合的に鍛えるトレーニングの最後は、「ジャンプ系トレーニング」を紹介していきます。
ダイナミックに跳ねる動作になりますが、
このときもやはり、体幹がしっかりと固定されて
正しい姿勢が維持できているかどうかを常に意識することが大切になります。

なわとび

回数 **50回**

ジャンプ中に体が曲がったり、ねじれたりしたらダメだよ！

目的 ジャンプ中の体幹の安定性を強化

方法 これまでに紹介した姿勢づくりの基本を生かして、まっすぐ上にジャンプしてなわとびを行う。なわとびがなければ、エアーなわとび（なわとびを跳ぶマネ）でもよい

Point リズミカルにジャンプするが、途中、背中が丸くなったり反りすぎたりしないように、しっかりと体を1本の柱にする。肋骨をしめることも忘れない

意識してジャンプ！

ジャンプ系トレーニングも、バランスが欠かせない種目の1つ。空中でバランスを崩せば、着地に失敗して次の動作にスムーズに移れず、最悪の場合は足首やヒザをひねった…ということになるかもしれません。意識せずとも正しい姿勢を自然と保てるようになることが最終目標ですが、最初は1本柱をしっかり意識しつつ、集中して行いましょう。もし足首などをひねってしてしまったときの基本は「RICE（ライス）」です。すみやかに安静（Rest）・冷却（Icing）・圧迫（Compression）・挙上（Elevation）を行い、必要に応じて医療機関で診てもらいましょう。

ケンケン

目的 片足ジャンプ中の体幹の安定性を強化

方法 片足ジャンプ（ケンケン）で、ステップドリルを行う。十字で区切られた4つのエリアを前⇒横⇒後ろ⇒横と順番に移動（図）、時計回りと反時計回りを1周ずつで1セットとする

Point 片足ジャンプは両足ジャンプよりも姿勢を維持するのが難しく、さらにジャンプしながら移動していく必要があるが、正しい姿勢で行えるように。着地した際にヒザが内側に入らないように注意

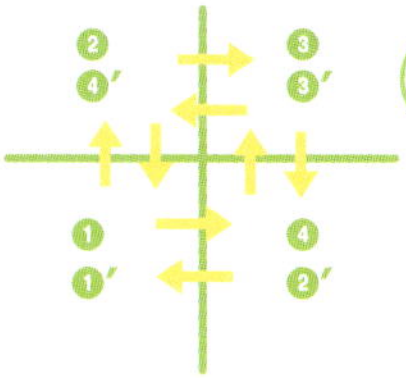

回数 左右の足で各1セット

サイドステップ

目的 横方向への移動中の体幹の安定性を強化

方法 パワーポジションをつくり、サイドステップを行う

Point 横方向への移動が含まれる。ステップを踏んで移動して止まった際に、上体が進行方向へ流れないように、体幹に力を入れておくこと。サイドステップを応用すると反復横跳びが完成する

回数 左右方向へ各10回

Ⅳ 高くジャンプするための体幹トレーニング

準備姿勢、跳びあがったときの空中姿勢、着地姿勢。
ジャンプをするための動きを分解して学習することで、
安全かつ効果的にジャンプ力をアップさせることができます。

ドロップスクワット

回数 10回

瞬間的にパワーポジションをつくったとき、足幅、腰の角度、ヒザの向きなどが正しくできているかな？　背中は丸まっていないかな？

②

①

目的 ジャンプの着地の安定感のアップ、膝のケガの予防

方法 バンザイをしてまっすぐに立った状態から、パワーポジションへ、瞬間的にしゃがみ込む

Point 瞬間的な動作で、正しいパワーポジションをつくれるようにする

反動なしのジャンプ

回数 **8回**

目的 反動を使わないジャンプ力を高める

方法 パワーポジションで手を後ろに構える。ここから反動をつかわないで跳び上がり、再びパワーポジションに戻る

Point ジャンプする前のパワーポジションを正しくつくっておく

反動ありのジャンプ

回数 **8回**

目的 反動をつかってのジャンプ力(垂直跳び)を高める

方法 バンザイをしてまっすぐに立った状態から、パワーポジションへ、瞬間的にしゃがみ込み、腕を真上に振り上げ、跳びあがり、再びパワーポジションに戻る

Point ジャンプする前のパワーポジションでの静止時間をなるべく短くする

V 素早く反応するための体幹トレーニング

筋肉の動きをコントロールしている神経を活発にすることで、
素早く、正確な動作ができるようになります。

秒数 10秒

ハーキー

できるだけ素早く、小刻みにパタパタとその場で走ろう！

目的 細かく速い動作を繰り返すことで、脳→神経→筋肉のルートを刺激し、脳から筋肉への命令が素早く、正確に伝わるようにします。

方法 両足交互に、その場で、なるべく素早く小刻みに床をタップする。両腕は左右前後にゆっくりと振る

Point 背中を丸めず、頭から腰を一直線にし、体勢を低く保ち続ける

ベースローテーション

秒数 **10秒**

目的 素早く体をターンさせる能力をアップさせる

方法 パワーポジションをキープしたまま、身体を回旋する。下半身が右回転したときは上半身は左回転、下半身が左回転したときは上半身は右回転する。体幹部を一枚板のように固定したまま、方向を変えること

Point 左右交互に足を着地させるハーキーとは異なり、左右の足を同時に着地させること。右に回転するときと、左に回転するときの角度が同じになるようにする

反応ジャンプ

回数 **10回**

目的 視覚情報に対する反応、脳での判断、筋肉への命令の伝達のスピードを高める

方法 パワーポジションで待機し、指導者が手を出した方向に素早く一歩、ジャンプして、パワーポジションをつくり、再びジャンプして元の位置に戻る

Point 正しくパワーポジションをつくってから動作を切り返す

Ⅵ カラダのつかいかたがうまくなる体幹トレーニング

全身を使ったトレーニングで自分が思ったように体を動かせるようにする練習をします。
慣れるまでは、頭で、どうしたらその体勢になれるかを考え、
ゆっくりと動き、正確な動きが出来るようになったら、スピードを上げていきます。

回数 各5回

リバース

右手と左足、もしくは左手と右足。対角線上にある手足を床から同時に浮かせよう！

目的 お腹が上（天）を向いた体勢から、お腹が下（床）を向いた体勢へ体を裏返すトレーニング。手足で体を支える力をつけ、全身のコーディネーションを磨く。

方法 あおむけで両手・両足のみを床について体幹を床と水平に保つ。右手と左足を床から浮かせたら、右手が体の上を、左足が体の下を通るように体幹を反転させて、お腹が下（床）を向いた体勢をつくる。続いて、お腹が下を向いた体勢から、お腹が上を向いた体勢へ。この動きを繰り返す。

Point 背中を丸めず、体幹部を一直線に保ったまま、スムーズに動作を続けられるようにする。副次的に、肩周りの安定性が高まる。

アヒル

目的 重心を落とした低い体勢を保ったまま移動する能力を高める。足首の柔軟性を改善する。

方法 しゃがんだ状態で、足の外側から足首を持って、アヒルのように一歩ずつ進む。頭から腰に一直線の柱が通っている意識をもち、背筋を丸めない。

Point ヒザ関節を完全に屈曲させるが、爆発的な動きをするわけではないので、うさぎ跳びのようなリスクはなく、安全に各関節の耐久性をアップさせることができる。ただし、足首が固い子どもの場合、ヒザや腰に負担を掛ける代償動作を伴いやすいので、注視する。

回数 10歩

アザラシ

目的 肩周りの筋力強化

方法 うつぶせで、腕で体を支え、下半身は脱力し、左右の手を交互に前方に着いて、アザラシのようにクネクネと前へ進む

Point 肩はすくめず、ヒジは伸ばす（完全には伸展させず、ほんの少し曲がった状態を維持する）。板張り、絨毯、畳など、床面の素材によって、摩擦負荷が異なるので、留意する。

回数 20歩

Ⅶ 不安定度の高い体勢でバランスを高める

より不安定度の高い体勢をつくり、バランスを保てるようにします。
難易度の高いメニューです。

回数
左右5回

足かかえバランス

目的 バランスのトレーニングになるとともに、おしりのストレッチにもなる。

方法]両手ですねをだっこするように抱え、引きつけます。軸足のヒザは伸ばし、その体勢を3秒間キープする。

Point 深くヒザを引きつけると大殿筋のストレッチ度が高まる

肩の高さが左右で違っていたら、バランスが崩れているよ！

アグラ空気イス

目的 バランスをキープする能力を高めると同時に、おしりをストレッチさせる

方法 足で4の字をつくったら、ゆっくりしゃがむ。片足スクワットのように軸足のヒザを90度くらい曲げ、10秒間キープする。

Point 背中を丸めず、頭から腰までを一直線に。ヒザを前に出しすぎず、土踏まずに体重が乗るように保つ。うまくできない場合は、まずはイスに座った状態で4の字をつくり、柔軟性を高めよう

回数 左右5回

一本線体幹ひねり

回数 左右5往復

目的 バランス能力を高めるとともに、体幹を捻る筋力を強化

方法 床にある一本の線の上に着地するイメージで右足と左膝を下ろし、両腕を伸ばし、両手のひらを合せ、両腕を水平に回転させて体幹を捻り、捻り切ったところで3秒間静止。続けて反対側まで捻り、3秒間静止。

Point 左足のヒザと右足のかかとをぴったりつけて、右足のつまさきに体重を掛ける。頭から腰までは一直線にして、背中が丸まったり、左右にくの字に折れたりしないように保つ。左足を前にして、左足と右ヒザを下ろした状態でも、同様に行う

食事は体をつくり、体を動かすエネルギー

体は食べたものでできており、食べたものがそのままエネルギーとなって体が動いています。この単純明快なことを親がきちんと理解し、子どもに教育することが大切です。カップラーメンを食べ続ければ、カップラーメンだけで体ができあがるという恐怖を、しっかり覚えておいてください。

毎食、ごはんやパンなどの炭水化物、つまり主食を中心に、肉や魚、豆、乳製品などのたんぱく質、野菜や果物を、なるべく多くの種類からとることが大事です。たくさんの“量”を食べるのではなく、たくさんの“種類”を食べるということです。日本には古くから「一汁三菜」という言葉があります。主食に汁物、そして3種類のおかず、という食事メニューが日本人にとって最適なのでしょう。

また、体形や運動パフォーマンスの質は、摂取量（食事）と消費量（運動などの活動、基礎代謝）との比率で決まります。成長期だからといって、食べすぎているのに動かなければ肥満になりますし、反対に摂取量が足りなければエネルギー不足になってしまいます。

特に注意したいのは朝ごはん！　朝ごはんを抜くと脳が十分に働かず、授業中の集中力や考える力を低下させます。脳の重要なエネルギーとなるブドウ糖（炭水化物）は、朝ごはんで必ずとるようにしましょう。

食事バランスガイド

第3章

コミュニケーションも大切!

第3章では、大人と子どもがペアになって行うトレーニングと、
コーディネーション・トレーニングを紹介していきます。
子どもだけでなく、大人にとっても十分トレーニングになりますから、
お父さんやお母さん、あるいは先生と一緒にやってみましょう。
コーディネーション・トレーニングは厳選した3種を紹介。できるようになる過程が重要になります。

次は、親子2人でできるトレーニングを紹介します。コミュニケーションやスキンシップを取り入れると、トレーニングが一段と楽しくなり、子どもも退屈しません。

子どもの体力・筋力アップが目的ではありますが、なかには親も一緒に鍛えることのできるエクササイズもあります。運動不足気味、もしくは腰痛や肩こりをお持ちのお父さん、お母さん、ぜひチャレンジしてみてください。

親子トレーニングで大切なのは、親が子どもの動きをよく観察して、プラスになるフィードバックをしてあげることです。「もう少し腕を上げてごらん」「もっと足をこっちにもってくるといいよ」「今度は○回までがんばってみよう」など、適切なアドバイスをして、正しくトレーニングできるように導いてあげてください。

I 体幹を鍛える“棒キャッチ”

“棒キャッチ”のトレーニングは、親子の信頼関係がないとできません。
子どもは親を信用して身をあずけ、
親はきちんと受け止めてあげてください。慣れるまでは浅い角度で行うとよいでしょう。

目的 前後にブレない柱をつくる

方法 子どもは、足をそろえて正しい姿勢で立つ。親は、子どもに向かい合い、片ヒザを立てた姿勢で構える。子どもが体を一直線にしたまま、親のほうに倒れる。キャッチした状態で5秒キープ

Point 子どもは頭を前後に曲げず、頭のてっぺんからかかとまで一直線にする。特に、おしりが突き出ないように注意。このエクササイズにより、体幹やおしりの筋肉が鍛えられる

棒キャッチ 前

回数 3回

棒キャッチ 後

回数 3回

目的 前後にブレない柱をつくる

方法 子どもは、足をそろえて正しい姿勢で立つ。親は、子どもの後ろ側に片ヒザを立てた姿勢で構える。子どもが体を一直線にしたまま、親のほうに倒れる。キャッチした状態で5秒キープ

Point 頭からかかとまで一直線にする。腰を反らさないこと、また、首をすくめないように特に注意。倒れたときの目線は上方ななめ45度が理想。足首は、つま先を上げる

棒キャッチ 横

目的 左右にブレない柱をつくる

方法 子どもは、足をそろえて正しい姿勢で立つ。親は、子どもの真横に片ヒザを立てた姿勢で構える。子どもが体を一直線にしたまま、親のほうに倒れる。キャッチした状態で5秒キープ

Point このときも、頭からかかとまでは一直線。おなかやおしりがポコッと出ないよう、肋骨をしめて体幹を固定させること。倒れる方向と逆側の足は、自動的に床から浮くことになる

回数 左右3回ずつ

Ⅱ 組み体操トレーニング

運動会でよくやる「組み体操」のような親子トレーニングです。子どもの体幹のバランスがとれていないと、なかなか上手にできません。
くれぐれも転倒などでケガをしないよう、十分注意して行ってください。

逆立ち

秒数 **10秒**

目的 体幹と肩まわりの筋肉の強化

方法 子どもが逆立ちして、親が子どもの足を支える。できる場合は、親が手をはなしてみる（写真A）

Point 体が反ったり丸まったりしないよう、まっすぐな状態を保つこと。そのために肋骨やおしりをしめる。上半身の力で全身を支えるため、肩まわりの筋肉の強化につながる。鉄棒で体をもち上げることができない子（逆上がりができない子）、跳び箱を押す力がなくて跳べない子は、それらに必要な筋力がつく。両手で床を押すイメージで行う

A

逆立ちのコツ

しっかりと地面を蹴ったら、怖がらずに体をまっすぐ伸ばしましょう。手指をしっかり開いて、第1関節に力を入れ、手のひら全体で体重を支えるようにします。ただし、ケガの危険性もありますから決して無理に実施しないことです。

サボテン

秒数 **10秒**

お父さんの安定感も大切！　決して無理はしないでね。

目的 体幹を安定させる

方法 親の太ももの上に子どもが乗り、両手を開いて「T」の字をつくった状態でキープ。親は子どものヒザ上を持ってバランスをとる

Point 親は空気イスの体勢で、太ももを水平に保つ。低い姿勢で体重を後ろにかけると行いやすい。最初は実際にイスに座った状態から始めてもOK。子どもはヒザをしっかり伸ばすこと。転倒には十分注意し、もし子どもが落ちそうになったら親が素早く手を放してあげると、足から着地することができる

親子の共同作業

昔に比べて、今は親子の会話が減り、休日に親子で過ごす時間も少ないそうです。本書で紹介したトレーニングは短時間で行えます。親子で体を触れ合わせ、声をかけ合いながら実施して、体力を獲得しましょう。

棒抱っこ

秒数 **10秒**

目的 体幹を安定させる

方法 子どもが体を棒のように一直線にした状態で、親が抱き上げる

Point 子どもは、身体が反ったり丸まったりしないように、体幹に力を入れて一直線の状態をキープすること。親は腰を痛めないように注意。このエクササイズは、子どもの体重が20〜30キロくらいまでが目安

抱き上げたときに、親子でコミュニケーションをとるのもいいね！

Ⅲ コミュニケーション・トレーニング

今度は、親子で一緒に楽しみながらできるトレーニングをやってみましょう。楽しみながらやる中でも、
きちんと体幹を意識して行ってください。
回数や長さはあくまでも目安ですから、子どもが楽しんでできる範囲で続けて構いません。

子ども同士で

コミュニケーションを目的としたp.88-89のトレーニングは、子ども同士でも楽しんで行えます。学校の体育の授業やホームルームで実施してみるのもよいでしょう。そのときも、正しい姿勢を意識することを忘れずに!

足ジャンケン

目的 体幹のバランス力をアップ

方法 足で「グー」「チョキ」「パー」を表して、親子でジャンケン勝負する

Point リズムに乗って、テンポよく行うこと。足を前後左右に動かしたときに体幹がブレないように注意

時間 1分間

足押さえ腹筋

回数 20回

目的 腹筋しながらスキンシップをとる

方法 親が子どもの足を押さえて支える。子どもは腹筋を行い、起き上がってきたときに親子で両手タッチをする

Point 起き上がったときに子どもが体をひねって、右手同士あるいは左手同士で片手タッチをしてもよい（写真A）。また、手だけでなく、親の肩やほおをタッチするのも面白い。おなかの筋力アップや腰の柔軟性アップを図りながら、スキンシップで親子のコミュニケーションを深める

ひねってタッチ

回数 左右10回ずつ

目的 体をひねる可動域をつくる

方法 親子で背中合わせに、足を少し開いて正しい姿勢で立つ。体をひねって、両手でタッチ

Point おなかのツイスト運動。体をひねるときにヒザを曲げてもOK。ただし、つま先はまっすぐ前を向いたまま動かさない。タッチするときに、相手に体重をかけないこと。自分の体重は必ず、自分の体幹で支える

本書では、これまで主に「立つ」「座る」「歩く」「走る」といった基礎的運動の能力を向上させるトレーニングを紹介してきましたが、最後に簡単なコーディネーション運動を取り入れたトレーニングを紹介します。

コーディネーション運動は、一般的には技術を必要とするものですが、ここで紹介するトレーニングは上手にできなくても構いません。目的は「完璧にやること」ではありません。むしろ、「達成するまでのプロセス」がトレーニングになります。子どもの場合は動きに慣れすぎてしまうと、目をつぶってもできてしまうようになり、あまり意味がなくなってしまいます。できないうちがいいトレーニングになっているのだと考えてください。

最初は簡単なものからスタートして、できるようになったら片足でやってみる、回転してみるなど、アレンジを加えてステップアップしていくといいでしょう。

できるようになる過程がトレーニングになるよ！

I テニスボールを使ったトレーニング

友だち同士や親子で、テニスボールを使って気軽にできるトレーニングを集めました。集中力が保つ範囲、楽しくできる範囲であれば、回数にこだわらず、できるまでやってもOK。できるようになったら、次のステップに進みましょう。

テニスボールキャッチ

目的 体幹を安定させながら「投げる」「キャッチする」を行なう

方法 足を少し開いて、正しい姿勢で向き合って立ち、片手でテニスボールを持つ。「イチ、ニイ、サン」の合図で同時にボールを投げてキャッチ。キャッチは片手でも両手でもよい。できるようになったら、今度は片足立ちで同じことを行う（写真A）

Point 最初は2人の距離が近い状態から始め、できるようになったら少しずつ距離を離していくと難易度が上がる

A

回数 10回

回ってキャッチ

目的 体の位置感覚を鋭くする

方法 正しい姿勢で手にボールを持ち、床に強くたたきつけてバウンドさせ、ボールが落ちてくる前に一回転してからボールをキャッチする

Point 体の軸がブレることなく回転できれば、手が同じ位置に戻ってくるので、ボールをきちんとキャッチできる

回数 **10回**

背中でキャッチ

目的 体幹を安定させ、動作時の感覚を鋭くする

方法 正しい姿勢で立ち、手にボールを持つ。頭の上を通って背面にボールを投げ、キャッチする

Point 体幹が安定していれば、ボールを適切な方向に投げ、狙ったところでキャッチすることができる

回数 **10回**

思い通りに動く

体の各部位をうまく働かせ、体やボールなどを思い通りにコントロールする能力を"コーディネーション能力"といいます。この能力を高めるためのトレーニングは、潜在的な運動能力を高めるだけでなく、コミュニケーション能力や学力にも効果的と証明されています。

ケガを予防するために

最近、「だるまさんがころんだ」で止まれなかったり、運動会で走って転んだりする子どもが増えています。これは、体の軸が定まっていないために体幹に力が入らず、体の制御能力が低下した結果です。体幹を鍛えると運動動作が定まり、思った通りに体をコントロールしやすくなります。

また、ストレッチを正しくきちんと行うことも、ケガを予防するためには必要です。人間は本来、大人も子どももつま先に手が届くように設計されています。それが届かないということは、間違った体の使い方を続けているか、使った筋肉のメンテナンス（ストレッチ）を怠っていることを意味します。

ハムストリングスであれば背すじを伸ばして（背中を丸めただけではストレッチになっていないこともあります）、アキレス腱であればヒザを伸ばしてつま先をまっすぐ前に向け、最低30秒はキープしましょう。簡単な心がけで、ケガは十分に予防できます。フレックスクッション（下写真）を使うと、硬い部分がほぐれやすくなり、効果的にストレッチができます。特に体のかたい人は試してみるといいでしょう。

フレックスクッションを使うと、股関節や骨盤周辺のストレッチがラクに行える

stretch

第4章

体のケアも忘れずに!

姿勢づくり・動きづくりのトレーニングの前後には、使った筋肉のメンテナンスをお忘れなく。
子どもはウォーミングアップやクールダウンをしなくても、
疲れが残らず、翌日も同じように動けてしまいますが、
体のケアをきちんと行うことで、さらなるレベルアップが望めます。

maintenance

body care

ここまで、「立つ」「座る」「歩く」「走る」といった基礎的動作のトレーニング、運動能力を高めるためのトレーニング、2人組のトレーニングなどを紹介してきました。最後は、体の柔軟性を高めるためのストレッチを取り上げます。

ここで紹介する12種類のストレッチは「静的ストレッチ」といって、筋肉をほぐす目的で行われるものです。筋肉は使いすぎても、使わなさすぎても縮んでしまいます。そうすると体はかたくなり、姿勢を崩す原因になってしまいます。ストレッチによって筋肉が本来の長さにリセットされれば、自然とよい姿勢を保てるようになります。

写真のようなストレッチの姿勢がとれない場合は、伸ばそうとしている場所の筋肉がかたくなっている証拠です。かたいところは集中的に行いましょう！

ストレッチを行うタイミングはいつでも構いませんが、運動後やお風呂上がりは体が温まっているので、伸ばしやすいでしょう。

I 立ったままストレッチ

ここでは、立ったままで行うストレッチを紹介。胸や背中、肩まわりなどの上半身のストレッチがメインとなります。ストレッチのときも、トレーニング時と同様に、よい姿勢を心がけながら行いましょう。

左右にバナナ

目的 全身、特にわき腹を伸ばす

ターゲット 胸（大胸筋）・背中（広背筋）・わき腹（腹斜筋群）

方法 両手を組んで、まっすぐ上にグーッと伸びる。そこからゆっくり左右に上体を倒し、わき腹を伸ばす

Point 息を吸いながら上に伸び、吐きながら左右に倒す。左右均等に上体を倒すこと。このストレッチで腕が上がりやすくなる

回数 ゆっくり左右に2回

二の腕伸ばし

A

目的 ヒジ・肩まわりをほぐす

ターゲット 腕（上腕三頭筋）・背中（広背筋）

方法 頭の後ろで片ヒジを曲げ、反対側の手でヒジを持って引っ張る

Point 背中が丸くならないように胸を張って行う。ヒジを曲げたほうの手は背骨の上にもってくる（写真A）

秒数 左右 各30秒

マネだけでは×！

ストレッチは筋肉を伸ばし、ほぐすためのものです。つまり、筋肉が伸びていることを実感しながら行うことが重要。そのためには、そのストレッチがどの筋肉を伸ばすためのものなのかを理解することが欠かせません。何となく、姿勢をまねるだけでは効果はゼロですよ！

腕抱っこ

目的 肩・背中のコリの解消

ターゲット 肩（三角筋後部）・背中（菱《りょう》形《けい》筋《きん》）

方法 片腕を前に出し、反対側の腕で抱え込み、胸にグッと引き寄せる

Point 肩をすくめないように注意

秒数 左右 各30秒

正しい立ち姿勢も忘れずに！

空き時間を活用

立ったまま行えるストレッチであれば、場所を選ばずに行うことが可能です。p.94-95に紹介した3種類を行うだけならば、3分もあれば十分。時間もかかりませんから、授業の合間の休み時間を積極的に利用しましょう。次の授業に向け、気分をリフレッシュすることもできます。

Ⅱ 立ったまま＆しゃがんでストレッチ

上半身から下半身のストレッチに移行していきます。ふくらはぎは姿勢の違いによって、伸びる筋肉が異なるので、両方行うことが大切です。

回数 10秒 ×3

Tストレッチ

目的 猫背の解消

ターゲット 胸（大胸筋）

方法 両腕を水平に上げて、体全体でアルファベットの「T」の字をつくる。このときに背中の筋肉を使い、肩甲骨を内側に寄せて、できるだけ胸を張る

Point 息を大きく吸いながら胸を張ると、ストレッチしやすくなる

鼻から吸う理由

「肋骨をしめる」動作でも紹介したように、呼吸は鼻から吸って口から吐きます。これは腹式呼吸の基本で、おなかにグッと力を入れるために大切になります。また、口から吸うと体内にウイルスが入りやすく、細菌感染の恐れがあるので注意！

秒数 左右 各10秒

パフォーマンスストレッチ

目的 体幹部全体の動きが良くなる

ターゲット 大腿四頭筋、大腿直筋、ハムストリングス、腸腰筋、大殿筋、腹斜筋群

方法 左足を1歩前に出し、右足を後方に大きく引いて、腰を落とす。左足の横に右手を着き、胸を張り、天井を見るように左回りに上半身を捻り、左腕を上方へ伸ばし、視線を左手指先に向ける。反対側も同様に行う

Point 右足の膝をしっかり伸ばし、腰の位置を低く保つ

立ってアキレス

つま先はきちんと前を向いているかな?

秒数 左右各30秒

目的 ふくらはぎのけいれん(こむら返り)を防ぐ

ターゲット ふくらはぎ(腓《ひ》腹《ふく》筋《きん》)

方法 足を前後に開き、後ろ足のアキレス腱からつながる腓腹筋を伸ばす。この姿勢のときも体幹の力を抜くことなく、きちんと姿勢を保っておく

Point 後ろ足のつま先が外側に逃げてしまわないように注意。まっすぐ前に向ける

こむら返りとは?

ふくらはぎの筋けいれんを“こむら返り”といいます。寝ているときや、激しい運動を終えたあとに、足がつった経験のある方もいると思いますが、それこそまさに“こむら返り”。予防には、運動前後のストレッチやマッサージが有効です。

しゃがんでアキレス

目的 走りすぎなどによるスネの障害予防

ターゲット ふくらはぎ(ヒラメ筋)

方法 正座の姿勢から片ヒザを立てる。前方に体重をかけていくと、ヒザを立てた足のアキレス腱につながるヒラメ筋がストレッチされる

Point ヒザを立てた足のつま先はまっすぐ前に向ける

秒数 左右各30秒

しゃがんでアキレス腱を伸ばすと、ふくらはぎの下のほうが伸ばされるよ!

しゃがむとヒラメ

p.97で紹介しているのはともにふくらはぎのストレッチですが、筋肉のくっついている場所が違うので、腓腹筋はヒザを伸ばした状態で、ヒラメ筋はヒザを曲げた状態で、よく伸びます。伸びる場所の違いを意識してみると、面白いですよ。

Ⅲ 座って＆寝転がって ストレッチ

座ったり、寝転がったりした状態でのストレッチは、よりリラックスできます。
しっかりと筋肉が伸びている感覚を意識しつつ、ゆっくりと伸ばしていきましょう。

体幹ゴロゴロ

回数 左右 各10回

目的 体幹のゆがみ解消

ターゲット 胸（大胸筋）・わき腹（腹斜筋群）

方法 あおむけになって両ヒザを立てた姿勢をとる。そこから、左右にゆっくりとヒザを転がす

Point 両肩が地面から浮かないよう動作をコントロールしながら実施。ヒザを転がす角度に左右差を感じるときは、動きがかたいほうをより意識して行うこと

1部位を伸ばす時間

この本で紹介しているストレッチは、同じ姿勢で30秒伸ばす設定が多いです。それは、ここでの目的が筋肉をほぐすためだから。1回の伸ばす時間が短すぎると効果がないので、時間をかけてゆっくり伸ばしましょう。

秒数 左右 各30秒

もも裏伸ばし

目的 猫背の解消、太もも裏のケガ予防

ターゲット 太もも裏（ハムストリングス）

方法 左右どちらかの足を伸ばし、つま先を真上に向けておく。もう片方の足はヒザを曲げて、足の裏を反対側の太ももの内側に添わせる。その姿勢で、息を吐きながらゆっくりと上体を倒していく

Point 背中を丸めすぎずに、太ももの裏側をしっかりと伸ばす

もも前伸ばし

目的 ヒザまわりのケガの予防、成長痛予防

ターゲット 太もも前面（大腿四頭筋）

方法 横向きに寝て、上側に来る（地面から離れているほうの）足のヒザを折り曲げ、かかとがおしりにくっつくように、つかんだ手で足首を引き寄せる。このとき、曲げたヒザが下側の伸ばした足よりも少し後ろに行くように引っ張るとよい

Point ストレッチ動作によって、まっすぐになった姿勢が崩れないよう、体幹に力を入れておくこと

体がねじれたり、曲がったりしていないかな？

秒数 左右 各30秒

Ⅳ 座ってストレッチ

座った状態で股関節周辺の筋肉を同時にストレッチしていきます。股関節の動きがよくなれば、「歩く」「走る」といった基礎的運動もより正しく、効果的にできるでしょう。上半身の動きを組み合わせることで、全身の複合的なストレッチにもなっています。

目的 股関節の動きをよくする

ターゲット 内もも（内転筋）、太もも後面（ハムストリングス）

方法 大きく股を開いて座る。このとき、できるだけ骨盤を立てて背筋を伸ばしておく。息を吐きながら、ゆっくりと上体を倒していく

Point 体がかたすぎてうまくできない場合は、ヒザを少し曲げて行うか、フレックスクッションを使うとよい（写真A）

内もも伸ばし

秒数 30秒

A

座布団で代用！

骨盤を立てる（自然な前傾にする）ためのアイテムとして、ここでも紹介したフレックスクッションはとても便利ですが、もっていないという家庭のほうが多いかもしれません。そのときは、2つ折りにした座布団を使ってもよいでしょう。

わき腹伸ばし

回数 左右 各10秒 ×3セット

目的 腕を上げやすくなる

ターゲット 内もも（内転筋）、太もも裏（ハムストリングス）、わき腹（腹斜筋群）

方法 “内もも伸ばし”の体勢から、片腕を上方向にまっすぐに上げ、真横に体を倒していき、その姿勢を保持する

Point 背中が丸くならないように注意

股関節ゴロゴロ

回数 ゆっくり 10 往復

目的 股関節の動きをよくする

ターゲット 股関節周辺の筋肉（深層外旋六筋・内転筋・大殿筋など）

方法 両足を肩幅よりも少し広めに開き、ヒザを立てた姿勢で座る。この姿勢から左右にゆっくりとゴロゴロとヒザを倒す

Point 左右にヒザを倒すときに、おしりが浮き上がらないように注意

どのくらい体幹が強くなったかな?

体幹筋力チェック

せっかくトレーニングをやるのですから、習慣化できたトレーニングの成果・効果も知りたいですよね。
そこで、本書でも紹介したトレーニングを評価することで、
簡単な体幹筋力チェックをしましょう! 月1回を目安にチェックするとよいと思います。

1 うつぶせ体幹

▶▶▶ 何がわかる?

おなか(腹筋)のインナーマッスルの強さ

▶▶▶ 方法

両ヒジと両足の4点で、1本の柱にした体を支え、その姿勢を維持する。

▶▶▶ 解説

おなかのインナーマッスルが使えていれば、背骨を一直線にすることができるはず。これができないのは、おなかのインナーマッスルが弱いか、きちんと使えていない証拠です。

▶▶▶ 評価

2点…30秒間まっすぐな姿勢が保てる
1点…体勢が崩れながらも、30秒間耐えることができる
0点…30秒間できない

点

2 とんぼバランステスト

▶▶▶ 何がわかる?

バランス・筋力・柔軟性

▶▶▶ 方法

片足で立ち、両手を広げながら体を前に倒して、バランスを保った状態でキープする。

▶▶▶ 解説

片足立ちのとんぼ姿勢は、バランス感覚と、この姿勢を維持するための筋力や柔軟性を総合的にチェックすることができます。これができないと、スポーツ中の姿勢が不安定になり、ケガをしやすくなります。

▶▶▶ 評価

2点…左右ともにグラグラしないで10秒以上できる
1点…左右とも、あるいはどちらかの足で、ふらつきながらも10秒以上できる
0点…10秒姿勢を保てない

点

3 逆立ち

▶▶▶ 何がわかる?

上半身の強さ

▶▶▶ 方法

子どもが逆立ちして、親が子どもの足を支える。できる場合は、親が手をはなしてもよい。

▶▶▶ 解説

逆立ちで、肩や腕などの上半身の筋力をチェックします。できない人は単純に上半身の筋力が弱いと判断できます。とび箱や鉄棒を行う際に体を支えられない可能性があります。また、体幹が弱いと、体が反りすぎてしまうでしょう。

▶▶▶ 評価

2点…10秒以上できる

1点…10秒はできないが
少しはできる

0点…できない、怖い

（　　）点

4 シットアップ（腹筋）

▶▶▶ 何がわかる?

腹筋持久力

▶▶▶ 方法

親が子どもの足を押さえて支え、腹筋運動を行う。

▶▶▶ 解説

連続で何回腹筋ができるかで、腹筋の持久力をチェックできます。これができない子どもは、腹直筋が弱く、子どもでも"おなかポッコリ"の幼児体形の可能性があります。また、背骨がかたい（背中が丸くならない）場合には、筋力があっても起き上がることが困難です。この場合は、背骨の体操で柔軟性を身につけてから行いましょう。

▶▶▶ 評価

2点…連続50回以上できる

1点…連続20回以上できる

0点…連続で20回以上できない

（　　）点

5 柔軟テスト

▶▶▶ 何がわかる?

太もも裏と腰の柔軟性

▶▶▶ 方法

両足を伸ばして地面に座る。つま先を真上に向ける。息を吐きながらゆっくりと上体を倒していく。

▶▶▶ 解説

太もも裏と腰の柔軟性をチェックします。体のかたさは体幹の力を上手に発揮できなくしてしまう可能性があります。特に、太もも裏がかたいと、骨盤が立たずに寝てしまい（後傾）、背中が丸まりやすくなります。そうすると、体幹に正しく力が入りません。

▶▶▶ 評価

2点…背中を丸めずにつま先が触れる

1点…背中を丸めればつま先に触れる

0点…つま先に手が届かない

（　　）点

9〜10点

大変優秀です！　本書のトレーニングを行うことで、さらに体幹力を高め、いろいろなスポーツにチャレンジしましょう。完璧にできるすべての項目の実施時間を長くするなどして、強度を高めて測定を行ってください。

7〜8点

優秀です。特に苦手な項目に関する体幹トレーニングを行いましょう。「歩く」などの基礎的運動に「全身体幹エクササイズ」「コーディネーション・トレーニング」をプラスして、総合力を上げましょう。

4〜6点

平均です。バランスよくすべての項目の体幹トレーニングを行い、レベルを上げましょう。特に「インナーマッスル」「アウターマッスル」を強化し、並行して何か好きなスポーツを行いましょう。

2〜3点

体幹が弱い傾向にあります。本書で覚えた「立つ」「座る」「歩く」「走る」の基礎的運動を常に意識して生活してみましょう。

0〜1点

あきらめることはありません！　本書で、正しい姿勢をつくることがとても重要です。まずは、「立つ」「座る」といった基礎的運動から始めましょう。

トレーニングや体に関するギモンを解決！ Q&A

Q 塾に行かせているので運動する時間がないのですが……

A 本来は、日常生活が「運動」です。

この本で、朝と晩の2回、基本的な「立つ」「歩く」などの基礎トレーニングを行い、学校の行き帰りのウォーキングを立派なエクササイズとして成り立たせましょう。ダラダラ歩かず、早足で歩く習慣をつけることがポイントです。また、学校の体育の時間や休み時間には、できるだけ動くようにするといいでしょう。鬼ごっこやドッジボールなどで、クラスの友だちと思いっきり体を動かすようにしましょう。

BBM

Q 体幹トレーニングで背が伸びなくなることはないの？

A 大丈夫です！ 安心して行ってください。

本書の体幹トレーニングには、高重量のダンベルを使うようなプログラムはないので、背が伸びなくなるということはありません。むしろ、正しい姿勢をつくることで、骨の成長を促す作用があります。体幹を鍛えることは、すべての運動動作にプラスの影響を与えますし、呼吸もしやすくなります。子どもの骨の成長に悪影響を与えるのは、1つの動作をやり続けること（投げ続ける、ジャンプし続ける、など）です。子どものうちは偏りがないよう、複数のスポーツをやらせることをお勧めします。

Q スポーツが上手になるためには？

A 正しい姿勢を身につけて、実際にスポーツをしましょう！

体は脳・脊髄・筋肉の連携によって動きますが、実際にスポーツをやって、この連携を繰り返すことでスポーツの動きが上達します。しかし、背中が丸まったような悪い姿勢では、体の制御がうまくいかなかったり、フォームにばらつきが出たりするので、効率よく動けません。本書に掲載したトレーニングで体幹を鍛えることにより、正しい姿勢ができるようになる→効率よく動ける→練習がうまくできる→スポーツが上達する……と、つながっていくでしょう。

Q 速く走れるようになるには？

A 正しい姿勢をつくり、たくさん走ること！

この本の「走るための体幹トレーニング」を行った上で、実際にたくさん走らせましょう。小学校時代にたくさん駆け回ることが、一動物である人間として最も自然なことです。マラソン大会などで足の遅い子を観察すると、次のことがわかります。
①姿勢が悪い（運動不足のため体幹が弱く、軸がつくれない）
②地べたをはうようにバタバタ走る（体幹が弱く、1歩1歩の動作の切り返しが下手）
③すぐに疲れる（絶対的な運動不足により心肺レベルが低い）
これらの対策としては、①この本のトレーニングを毎日実施し、正しい姿勢を手に入れる、②p.49の「壁立て床押し」を連続で行い、足の切り返し動作を練習する、③日ごろから動く習慣をつけ、毎朝12分以上走る、などがあります。ぜひ実践してみてください。

BBM

Q 子どもの体がゆがんでいるんだけど……

A 左右バランスよく使いましょう！

スポーツは非対称的なものがほとんどなので、使いすぎている側の筋肉が短くなっていることがあります（右投げのピッチャーの右肩が上がる、など）。このような場合は、運動後とお風呂上がりのストレッチを徹底し、使いすぎて短くなっている筋肉を本来の長さに戻してあげましょう。また、ショルダーバッグをどちらか一方の肩ばかりにかけ続けても、ゆがんでしまうことがあるので、左右均等にかけるなどの工夫をしてみてください。

Q 体の発達のために理想的な睡眠サイクルとは？

A 遅くとも9時までには寝るべき！

習い事などによって夜が遅い子どもが増えていますが、本来であれば、太陽が昇る時間に起きて、日が沈んだ午後8時、遅くとも9時までには寝るのが理想です。適切なライフサイクルと9時間程度の睡眠時間は、成長ホルモンの分泌を高め、精神状態を強く保つ（抗うつなどの）効果があるものです。9時間以内の短い睡眠の子に、精神的な問題が出やすいこともわかっています。

Q コーディネーション・トレーニングって何？

A 運動の習得効果を高めるためのトレーニングです。

運動には、目や耳などの五感で状況を察知し、脳で判断し、筋肉を動かすという一連のプロセスがあります。このプロセスをスムーズに行うための能力を養うトレーニングを、コーディネーション・トレーニングといいます。小学校低学年（プレゴールデンエイジ）、小学校高学年（ゴールデンエイジ）の時期は、体の中の情報処理システムが最も発達するので、その時期に多く実施すると効果的であることがわかっています。

Q 上手な水分補給のポイントは？

A 「のどが渇いた」と感じる前に飲もう！

人間の体の約60％は水分ですが、汗や呼気、皮膚からの蒸発などにより、水分は絶えず抜けていきます。「のどが渇いた」と感じるのは、2〜3％の水分が減って、脱水状態になっているサインです。この状態では最高のスポーツパフォーマンスを発揮することはできません。よって、こまめに水分を摂取することが大事です。30〜40分の運動であれば、水やお茶でもいいでしょう。長い時間、または大量の汗をかく運動をしたときは、電解質を含んだスポーツドリンクがお勧めです。

Q 夜食は食べてもいいの？

A 消化のよい高たんぱく低脂肪のものを食べましょう。

理想的な睡眠サイクルを守るためにも、できれば夜ふかしや夜食は控えた方がいいですが、それでも遅い時間に食事をしなければならない場合、夜食をとらざるを得ない場合は、血糖値がぐんと上がってしまう炭水化物は避け、消化のよい〝高たんぱく・低脂肪〞のものを食べるといいでしょう。特に避けるべきなのは、甘いジュースや揚げ物、大量の食事。これらは肥満の原因にもなります。お勧めは、豆腐、大豆製品、卵、牛乳、かまぼこ、春雨など。これらをよく噛んで食べるようにします。

Q おやつの上手な食べ方

A 栄養価のあるものを意識的にとるべし！

スナック菓子やカップラーメン、ファーストフードには、ショートニングという油が使われていることが多く、トランス脂肪酸が多く含まれています。トランス脂肪酸は植物性の油を、保存性をよくする目的で水素添加した人工油ですが、近年では心臓病のリスクを増加させてしまうことがわかり、大きな問題となっています。アメリカでは『食べるプラスチック』という異名をとっているほどです。これらの油を使った食品を多くとる子どもは、落ち着きがなくキレやすいという報告もあります。しかし、現代ではトランス脂肪酸の摂取をゼロにすること自体が不可能です。スナック菓子などが絶対にダメというわけではありませんが、とりすぎないよう心がけることは大事です。すぐに体に影響が出ることはなく、じわじわと体を蝕《むしば》んでいくから要注意です。お勧めのおやつは、栄養価のあるもの。バナナやリンゴといった果物や大福、肉まんなどです。子どもの場合は、カロリーよりも内容を気にしてあげるといいでしょう。

Q 低炭水化物ダイエットって何？

A 炭水化物の摂取を極端に制限します。子どもはやめましょう！

最近、大人の間で流行している「低炭水化物ダイエット」。これは、普段の食事から炭水化物（糖質と食物繊維から成りますが、そのうち糖質を指します）を極端に減らす、あるいは全くとらない方法で、血糖値のコントロールや体質改善を目的に行われます。子どもは育ちざかりで、すべての栄養素（炭水化物・たんぱく質・脂質・ビタミン・ミネラル）を必要としているため、どれか1つでも欠けることは発育発達上、望ましくありません。太りすぎの子どもに対しては、すべての栄養素をバランスよく、ほどよくとらせ、運動によるエネルギー消費量をより多くすることを考えるべきです。子どもは大人のミニチュア版ではありません。体をつくらなければならない大切な時期にいるということを覚えておいてください。

Q ゲームをする時間の目安はどのくらい？

A 30分から1時間が望ましい。

本来であれば、ゲームに費やす時間をスポーツや体づくりに費やすことが理想ですが、現代の子どものコミュニケーションツールや楽しみを奪い去ることもできないと思います。ゲームをする場合は、だいたい30分から1時間程度が望ましいでしょう。ある海外の調査では、6時間以上ゲームをやり続けると、習慣性のある「ゲーム中毒」になるといわれています。このような場合、猫背を助長し、体幹に力を入れることが困難になり、悪い姿勢になりやすくなります。ゲームをやるのなら、なるべくよい姿勢を心がけて行わせるようにしましょう。地べたにあぐらをかくよりも、椅子に座るほうが正しい姿勢はとりやすいです。

Q 子どものモチベーションの高め方は？

A 親が運動の楽しさを教えてあげましょう！

親が運動に無関心である場合、それは子どもにも影響することが多いようです。子どもと一緒に公園を走ったり、キャッチボールをしたりと、まずは運動の楽しさを教えてあげることから始めてみてください。親が運動嫌いな場合は少々つらい作業かもしれませんが、ご自身の健康づくり、美容のためにも必要なことなので、できるだけ子どもと動く機会をつくりましょう。また、運動好きな友だちをつくることもポイントです。「類は友を呼ぶ」といいますが、活動的な子は活動的な子同士、不活動でインドア好きな子は、やはりそのような仲間でグループをつくりやすいものです。そして、もう1つ大事なのは、運動を罰ゲームにしないこと。腕立てふせやスクワットは子どもにとって大変素晴らしい運動なのに、昔から罰ゲームとしてよく使われてしまいます。学校の先生やスポーツコーチ、また親によるそのような行為は適切ではありません。部活で「やらされた」トレーニングはなかなか悪い印象が抜けず、将来的に運動嫌いの大人になってしまうこともあります。スポーツやトレーニングは、新しい自分と出会えるとっても楽しいものなのです。

Q 運動の習い事をいくつもやっているのに、太っているのはなぜ？

A 食事に問題があるかも…。

いくらたくさんのスポーツをやっていたとしても、エネルギーの消費量（運動）に対して、エネルギーの摂取量（食事）が多ければ、太ってしまいます。これは、子どもでも大人でも一緒。人は食べたもので体ができており、なおかつ食べたものをエネルギーにして動いているからです。また、太っていることは遺伝ではなく、生活習慣が原因であることがほとんどです。お父さん、お母さんの食生活も合わせて見直しましょう。

おわりに

Epilogue

皆さん、「体幹トレーニング」を実践してみて、いかがでしたか？

「立つ」「歩く」といった基本的な動作がいかに大切か、そして、「体幹」が体を正しく動かす上でいかに重要か、ご理解いただけたでしょうか？

子どものうちは、眠っていた能力が目覚めるのも、間違った動きを修正するのも早いものです。「できないことができるようになる」という喜びを少しでも感じてもらい、子どもたちにスポーツをもっともっと好きになってもらえたら、うれしく思います。

実は——。私自身は子どもの頃、スポーツが大の苦手で、体育の成績も決してよくありませんでした。今、こうしてトレーナーとして仕事をしていることが信じられないくらいです。

今になって子どもの頃を思い返してみると、足の速い子、スポーツの得意な子がクラスのスターで、いつもリーダーシップをとっていたような気がします。

運動が得意ではなかった私は、彼らの姿を見ては「うらやましいな。自分もあんなふうになれたらな……」と思っていました。でも、どうしたら彼らのようにスポーツができるようになるのか、その方法を見つけることはできませんでした。

私たちが子どもの頃は、「体幹」という言葉は決してポピュラーではありませんでした。「おなかにグッと力を入れると、なんとなく力が出せるような気がする」と、そんなふうに感覚的にやっていたことはあったかと思いますが、「体幹が大事だよ」と教えてくれる人は誰もいませんでした。

それどころか、「筋トレ」や「ストレッチ」でさえ正しいやり方が十分には普及しておらず、スポーツといえば「気合だ！」「根性だ！」と叫ばれるような時代でした。

しかし現代では、トレーニング科学が急速に発達し、根性論ではなく理論に基づいた体の鍛え方が体系化されています。「体幹」が大事であるという認識も、一般的に広まりつつあります。

私がトレーナーの勉強をしていたのは、根性論から理論への過渡期を迎えていた頃でした。知識を得ていく中でトレーニングにおける発見がたくさんあり、子どもの頃には知る由《よし》もなかった運動機能の改善方法も、少しずつわ

かってきました。
「もし当時これができていたら、もっとスポーツが上手にできて、スーパースターになっていただろうな……」。そんな思いをしたことも、一度や二度ではありません。「もしかしたら女の子に大人気だったかもしれないのに」というやるせない思いがわいたこともあります（笑）。
　私のそのような思いを、ぜひ現代の子どもたちに託したい――そんな願いも密かに込めつつ、効率的かつ効果的なエクササイズの数々とその使い方を、この本に結集しました。

〝継続は力なり〟
　この言葉は、まさにトレーニングのためにあると感じています。計画的に行うこと、そして継続して行うことによって、トレーニングの効果は必ず出ます。
　この本との出会いをきっかけに、ぜひこれからも「正しい姿勢づくり」や「歩く」「走る」といった基本的な動作の習得を続けていってください。
　体力が向上することで、子どもたちの毎日が充実すること、そして、子どもたちが姿勢のよい素敵な大人に成長していってくれることを、心から願っています。

澤木一貴

主な筋肉を覚えよう!

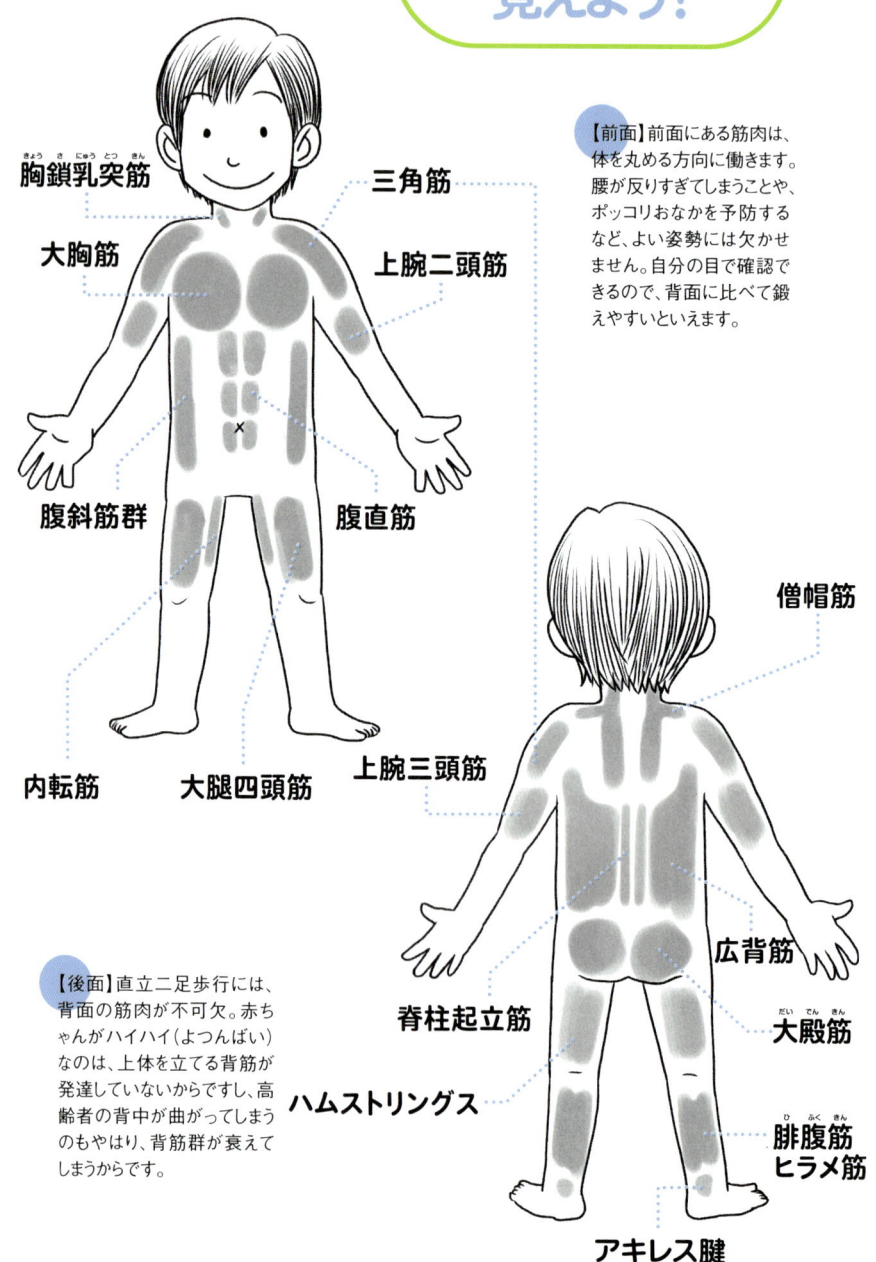

【前面】前面にある筋肉は、体を丸める方向に働きます。腰が反りすぎてしまうことや、ポッコリおなかを予防するなど、よい姿勢には欠かせません。自分の目で確認できるので、背面に比べて鍛えやすいといえます。

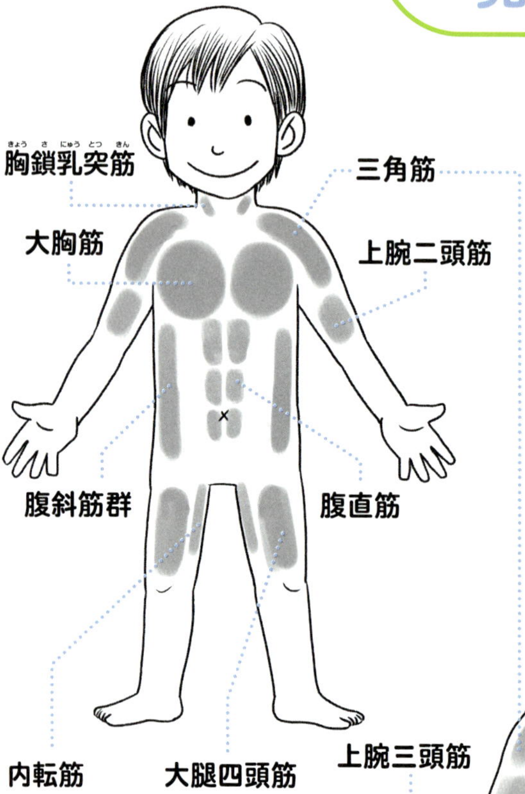

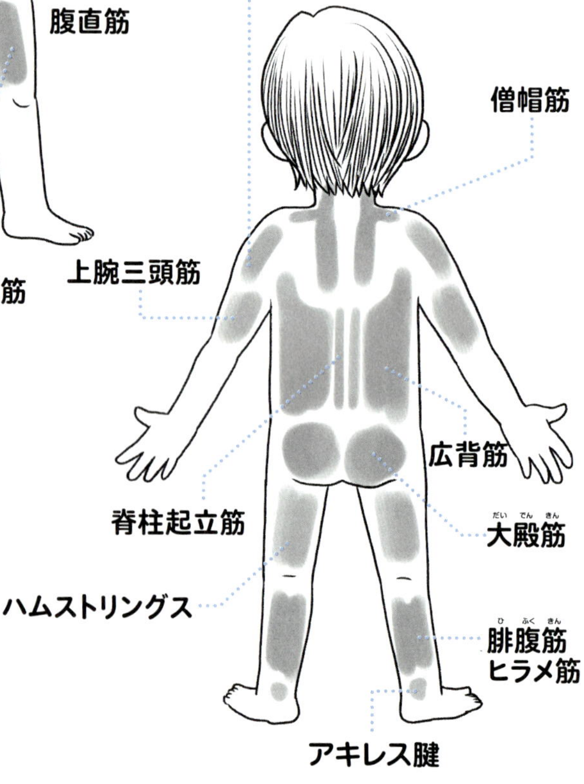

【後面】直立二足歩行には、背面の筋肉が不可欠。赤ちゃんがハイハイ(よつんばい)なのは、上体を立てる背筋が発達していないからですし、高齢者の背中が曲がってしまうのもやはり、背筋群が衰えてしまうからです。

～全国の先生のみなさんにお贈りする～

携行用メニューリスト

※シチュエーション別に、行うべきエクササイズを一覧表にまとめました。
切り取って、懐に忍ばせてお使いください。

朝礼前の体幹サーキットトレーニング

① 左右にバナナ
② おじぎと腰反らし
③ ねじりん棒
④ 二の腕伸ばし
⑤ ヒザかかえバランス
⑥ ヒザ曲げバランス

授業前の体幹サーキットトレーニング

① ヒザつきパタパタ
② 座っておじぎ
③ ヒジグルグル
④ もも裏伸ばし
⑤ 背骨を横に倒す
⑥ 背骨を回す

体育前の体幹サーキットトレーニング

① アグラ空気椅子
② トンボバランス
③ パフォーマンスストレッチ
④ ヒジヒザタッチ
⑤ ピラースキップ
⑥ ベースローテーション

著者 澤木一貴

Kazutaka SAWAKI

さわき・かずたか／SAWAKI GYMパーソナルトレーナー、㈱SAWAKI GYM代表取締役。1991年よりフィットネストレーナーとして活動を開始した。現在はパーソナルトレーナーとして、一般層からアスリート、バレリーナ、格闘家まで、幅広い層にパーソナルトレーニングを実施する傍ら、パーソナルトレーナー養成コースの講師としても活動中。また、メディアや講演会を通じて健康情報を広く発信する。NESTA JAPAN理事、健康運動指導士。

SAWAKI GYMホームページ
http://sawakigym.com/

☆小学生の体幹トレーニング指導、および講習会のご依頼は㈱SAWAKI GYMまでメールでお気軽にお問い合わせください。
info@sawakigym.com

Model
MEI（右）
SHUNSUKE（左）

DVDでよくわかる！
増補版！ 姿勢がよくなる！

小学生《しょうがくせい》の体幹《たいかん》トレーニング

2013年10月31日　第1版第1刷発行
2019年 7月31日　第1版第11刷発行

著者　澤木《さわき》一貴《かずたか》
発行人　池田哲雄
発行所　株式会社ベースボール・マガジン社
〒103-8482
東京都中央区日本橋浜町2-61-9　TIE 浜町ビル
電話 03-5643-3930（販売部）
03-5643-3885（出版部）
振替口座　00180−6−46620
http://www.bbm-japan.com/
印刷/製本　大日本印刷株式会社

Design
西藤久美子　Kumiko NISHIFUJI
泰司デザイン事務所　TAIZI DESIGN OFFICE
Writer
岡田真理　Mari OKADA
朝岡秀樹　Hideki ASAOKA
Photographer
西川節子　Setsuko NISHIKAWA
Illustrator
小迎裕美子　Yumiko KOMUKAI
よしだゆうこ　Yuko YOSHIDA
Editor
『コーチング・クリニック』編集部
光成耕司　Koji MITSUNARI
森永祐子　Yuko MORINAGA

DVDプレス／エムズカンパニー
衣装協力／アディダス ジャパン株式会社

ISBN978−4−583−10631−1　C2075